Karl Barth
Rechtfertigung und Recht

Karl Barth

RECHTFERTIGUNG UND RECHT

CHRISTENGEMEINDE UND
BÜRGERGEMEINDE

EVANGELIUM UND GESETZ

THEOLOGISCHER VERLAG ZÜRICH

BIBLIOGRAPHISCHER NACHWEIS

Rechtfertigung und Recht *5*
erschien 1938 als «Theologische Studien» Heft 1.

Christengemeinde und Bürgergemeinde *47*
erschien 1946 als «Theologische Studien» Heft 20.
Die Paginierung der Originalausgaben ist in eckigen Klammern angegeben. Im vorliegenden Band werden die beiden Aufsätze nach Heft 104 (Seite 5–48 und Seite 49–82) der «Theologischen Studien» (4. Aufl., 1989) reproduziert. Die Paginierung dieser Ausgabe ist in runden Klammern angegeben.

Evangelium und Gesetz *81*
erschien 1935 als «Theologische Existenz heute» Heft 32.
Der Text wird hier mit freundlicher Erlaubnis der Wissenschaftlichen Buchgesellschaft reproduziert nach: Gesetz und Evangelium. Beiträge zur gegenwärtigen theologischen Diskussion, hrsg. von Ernst Kinder und Klaus Haendler, Wege der Forschung 142, Darmstadt 1968, Seite 1–29. Die Paginierung dieser Ausgabe ist in runden Klammern angegeben.

Die Deutsche Bibliothek – CIP-Einheitsaufnahme

Barth, Karl:
Rechtfertigung und Recht. Christengemeinde und Bürgergemeinde [u.a.].
Karl Barth. – Zürich : Theol. Verl., 1998
ISBN 3-290-17193-0

© 1998 Theologischer Verlag Zürich

Alle Rechte, auch die des auszugsweisen Nachdrucks, der photographischen und audiovisuellen Wiedergabe, der elektronischen Erfassung sowie der Übersetzung, bleiben vorbehalten.

RECHTFERTIGUNG UND RECHT

Die Überschrift «Rechtfertigung und Recht» hat die Bedeutung eines Stich- und Merkwortes für die in diesen zwei Worten nur angedeutete Frage, mit der ich mich in dieser Arbeit beschäftigen möchte.
Die Frage lautet zunächst: Gibt es eine Beziehung zwischen der Wirklichkeit der von Gott in Jesus Christus ein für allemal vollzogenen Rechtfertigung des Sünders allein durch den Glauben und dem Problem des menschlichen Rechtes: eine innnere, eine notwendige, eine solche Beziehung, durch die mit der göttlichen Rechtfertigung auch das menschliche Recht in irgend einem Sinn zum Gegenstand des christlichen Glaubens und der christlichen Verantwortung und damit auch des christlichen Bekenntnisses wird? Aber wir können offenbar dasselbe sofort auch unter Einsetzung anderer Begriffe fragen: Gehört das Problem *der* Ordnung, die nicht mehr oder noch nicht die des Reiches Gottes, das Problem *des* Friedens, der nicht mehr oder noch nicht der ewige Gottesfriede, das Problem *der* Freiheit, die nicht mehr oder noch nicht die Freiheit der Kinder Gottes ist – gehört das alles mit hinein in den Bereich der Wirklichkeit der neuen Zeugung der Menschen durch Gottes Wort, in die Wirklichkeit seiner Heiligung durch den Geist? Gibt es bei aller Verschiedenheit in irgend einer inneren und notwendigen Zugehörigkeit neben dem etwa Jak. 1, 27 bezeichneten Gottesdienst der christlichen Existenz und außer und neben dem, was wir als den «Gottesdienst» der Gemeinde als solchen zu bezeichnen pflegen, auch so etwas wie einen politischen Gottesdienst, d. h. nun eben einen Dienst Gottes, der, allgemein gesagt, in der Auseinandersetzung mit allen jenen Problemen oder, in Wiederaufnahme unseres Stichwortes gesagt, in irgend einer Anerkennung, Förderung, Verteidigung, Verbreitung menschlichen Rechtes nicht trotz, sondern gerade wegen der göttlichen Rechtfertigung bestehen würde? In welchem Sinn kann und darf und muß man mit Zwingli unterscheidend, aber doch auch verbindend in einem Atemzug «von göttlicher und menschlicher Gerechtigkeit» reden? /
Man bemerke: das Interesse dieser Frage fängt dort an, wo das

Interesse der reformatorischen Bekenntnisschriften und überhaupt der reformatorischen Theologie aufhörte oder doch erlahmte[1]. Daß es Beides gebe: die göttliche Rechtfertigung und das menschliche Recht, die Verkündigung Jesu Christi, den Glauben an ihn und das Amt und die Autorität der Obrigkeit, den Auftrag der Kirche und den Auftrag des Staates, das verborgene Leben des Christen in Gott und nun doch auch seine Bürgerpflicht – das haben uns die Reformatoren allerdings sehr kräftig eingeschärft. Und sie haben sich auch große Mühe gegeben, klar zu machen, daß Beides einander nicht widerspreche, wie Beides vielmehr sehr wohl nebeneinander bestehen und gelten könne. Es ist aber mit Händen zu greifen, daß sie uns hier – Luther in seiner Schrift «Von weltlicher Obrigkeit» von 1523 und Calvin in dem magistralen Schlußkapitel seiner Institutio nicht ausgeschlossen – etwas schuldig geblieben sind. Wir sollten doch offenbar nicht nur wissen, daß und inwiefern Beides einander nicht widerspricht, sondern zuerst und vor Allem: daß und inwiefern denn Beides zusammengehört. Auf diese Frage, auf die Frage nach dem Zusammenhang dessen, was sie *hier* – und gerade hier mit höchstem polemischen Nachdruck – bekannten, mit der sonst streng genug als solche geltend gemachten *Mitte* ihrer christlichen Botschaft bekommt man bei den Reformatoren keine oder in Form dürftigster Andeutung nur sehr unbefriedigende Antwort. Wie man sich auch zu dem Inhalt jenes letzten Institutio-Kapitels De politica administratione stellen möge (und wir haben Anlaß, uns auch zu ihm an sich sehr positiv zu stellen), das ist sicher, daß man bei seiner Lektüre an die früheren Teile des Werkes, insbesondere an das zweite und dritte Buch und deren Kardinalaussagen über Jesus Christus, den Heiligen Geist, die Sünde und die Gnade, den Glauben und die Buße nur wie an ein dem Reisenden auf einmal in merkwürdige Ferne gerücktes anderes Land zurückdenken kann. Denn darüber, inwiefern nun wirklich auch die politica administratio nach dem Titel des vierten Buches zu den externis mediis vel adminiculis gehört, quibus Deus in *Christi* societatem nos invitat et in ea retinet, / darüber wird man in diesem Kapitel bei allem Reichtum, den es sonst enthält, nur bescheidenste Belehrung finden. So steht es aber auch mit den entsprechenden Darlegungen Luthers und Zwinglis und so mit denen der lutherischen und reformierten Bekenntnisschriften. Daß Obrigkeit und Gesetz auf einer besonderen ordinatio der göttlichen Vorsehung beruhe, nötig um der noch nicht überwundenen Sünde willen, dienlich dazu, die Menschheit vor deren greifbarsten

---

[1] Vgl. dazu die instruktive Zusammenstellung von *H. Obendiek*: Die Obrigkeit nach dem Bekenntnis der reformierten Kirche, München 1936.

Äußerungen und Folgen einigermaßen zu schützen und darum von ihr in Dankbarkeit und Ehrfurcht anzunehmen – das sind gewiß richtige und biblische Gedanken, das genügt aber nicht, um die Beziehung sichtbar zu machen, in der diese Sache mit der anderen steht, die die Reformation im übrigen als die entscheidende und letztlich alleinige Sache des Glaubens und des Bekenntnisses geltend gemacht hat. Was meint Calvin, wenn er einerseits versichert, spirituale Christi regnum et civilem ordinationem res esse plurimum *sepositas*[2], um dann andererseits doch zweimal[3] die Stelle Ps. 2, 10 f. auf die Unterordnung aller irdischen Machthaber unter *Christus* zu deuten und um das ideale Ergebnis jener göttlichen ordinatio dann doch als die politia christiana zu bezeichnen[4]? Inwiefern christiana? Was hat Christus mit dieser Sache zu tun? fragen wir und werden mit dieser Frage wirklich ohne Antwort stehen gelassen, als ob ein besonderes Walten einer allgemeinen, gewissermaßen anonymen Vorsehung hier doch das letzte Wort wäre. Und wenn wir bei *Zwingli*[5] den starken Satz lesen, die weltliche Gewalt habe «Kraft und Befestigung aus der Lehre und Tat Christi», so lautet die Erklärung dieses Satzes enttäuschenderweise doch nur dahin, daß Christus nach Matth. 22, 21 geboten habe, dem Kaiser zu geben, was des Kaisers, Gott, was Gottes ist, und daß er das durch die Leistung des Didrachmon (Matth. 17, 24 f.) selber bestätigt habe. Das ist wieder an sich ganz richtig[6]; aber, so beziehungslos gesagt, ist das trotz der Anrufung der Evangelientexte keine evangelische, sondern eine gesetzliche Begründung. /
Man wird diese Lücke in der Unterweisung, die wir von den Vätern unserer Kirche empfangen haben, den Mangel an einer evangelischen und das heißt im strengen Sinn: christologischen Begründung dieses Teils ihres Bekenntnisses weder übersehen noch leicht nehmen können. Daß sie auch hier nur biblisches Gut zur Darstellung bringen wollten, kann natürlich keine Frage sein. Wohl aber besteht die Frage: ob und inwiefern sie bei der Einführung dieses biblischen Gutes in ihr Bekenntnis der Richtschnur folgten, an die sie sich sonst für gebunden hielten, ob sie nämlich auch das Recht auf die Rechtfertigung, auch die politische Gewalt auf die Gewalt Christi begründet oder ob sie hier nicht heimlich auf einem anderen Grund gebaut und damit dann trotz alles scheinbaren Biblizismus jenes biblische Gut doch nicht wirklich

---

[2] Inst. IV 20, 1.
[3] ib. 20, 5 u. 29.
[4] ib. 20, 14.
[5] Schlußreden, Art. 35.
[6] Matth. 17 gehört zwar, weil es um eine Tempelsteuer geht, nicht hierher!

zur Darstellung gebracht haben? Man bedenke, was geschehen mußte, wenn dem so war: war der Gedanke des menschlichen Rechtes der Erkenntnis der göttlichen Rechtfertigung bloß angeklebt, statt sachlich mit ihr verbunden, dann mußte es einerseits möglich sein, die Erkenntnis der göttlichen Rechtfertigung von dem fremden Zusatz gewissermaßen zu reinigen und auf sie eine sehr spirituale Botschaft und Kirche zu begründen, die in großer Innerlichkeit Alles von Gott und von Gott Alles zu erwarten vorgab, und die dieses «Alles» nun doch faktisch bestritt, indem sie zu der ganzen Welt des menschlichen Fragens nach Recht und Unrecht vor lauter Reich Gottes, Sündenvergebung und Heiligung keinen Zugang mehr suchte und fand. Und es mußte dann andererseits möglich sein, die Frage nach dem menschlichen Recht mit festem Griff, vielleicht immer noch unter Berufung auf die allgemeine göttliche Vorsehung, aber nun gelöst aus dem reformatorischen Nebeneinander von Recht und Rechtfertigung selbständig in die Hand zu nehmen und eine säkulare Botschaft und Kirche des Menschenrechts zu bauen, bei dessen emphatischer Zurückführung auf «Gott» es doch nicht verborgen bleiben konnte, daß damit der, der der Vater Jesu Christi ist, daß also seine Gerechtigkeit mit dem proklamierten Menschenrecht auf keinen Fall gemeint sein könne. Diese beiden Möglichkeiten und damit die pietistische Unfruchtbarkeit auf der einen, die aufklärerische auf der andern Seite sind bekanntlich seit der Reformation in vielen Spielarten Wirklichkeit geworden. Man wird aber nicht gut leugnen kön / nen, daß zwischen dieser Tatsache und jener Lücke in der reformatorischen Unterweisung ein Zusammenhang besteht. Und nun stehen wir heute in einer Zeit, in der einerseits auf dem Boden der Kirche die Frage nach der göttlichen Rechtfertigung und andererseits im politischen Leben die Frage nach dem menschlichen Recht in je ganz neuer Eigenart und Schärfe erwacht sind und hier wie dort auf heute noch unübersehbare Entwicklungen hinzudrängen scheinen. Es liegt nahe, sich heute dessen wieder zu erinnern, daß beide, Rechtfertigung und Recht, oder: das Reich Christi und die anderen Reiche, oder: die Kirche und der Staat im reformatorischen Bekenntnis einst nebeneinander gestanden, daß die Reformatoren unter einem Gottesdienst im Geist und in der Wahrheit ein Leben in diesem *und* in jenem Bereich verstanden haben. Aber wenn es heute nicht alsbald aufs Neue zu jenen unfruchtbaren und gefährlichen Scheidungen kommen soll, dann genügt es heute nicht, sich der Reformation zu erinnern, die Formeln, in denen sie die beiden Bereiche nebeneinandergestellt hat, zu wiederholen, «die reformierte Staatsauffassung» und dergleichen noch und noch einmal mit mehr oder weniger historischer Treue und nachempfindendem Pathos zu rezitieren, als wäre jene Lücke nicht vorhanden, als trüge die reformatorische Lehre mit jener Lücke die Versuchung zu jenen Scheidungen nicht in sich. Wenn die eigentümliche Dynamik unserer Zeit uns zum Heil und nicht zum Unheil werden soll, dann muß die eingangs formulierte Frage gestellt werden: die Frage nach dem sachlichen und also inneren und notwendigen Zusammenhang der beiden Bereiche.

Was hier vorgelegt wird, ist eine Studie und zwar eine biblische, genauer neutestamentliche Studie zur Beantwortung dieser Frage. Die Problematik der reformatorischen Lösung ist ja entscheidend die Problematik des damals in dieser Sache maßgebenden Schriftbeweises. Sollen wir heute weiterkommen, so müssen wir auf alle Fälle zunächst auf die Schrift zurückgehen. Dazu soll hier ein Teilversuch gemacht werden[6a]. /

Ich beginne, indem ich als, soweit ich sehe, letzte wichtigere Kundgebung der in dieser Sache zuständigen theologischen Fachwissenschaft in einigen Sätzen das wiedergebe, was *K. L. Schmidt* in seiner Basler Antrittsvorlesung vom 2. Dezember 1936 unter dem Titel «Das Gegenüber von Kirche und Staat in der Gemeinde des Neuen Testamentes»[7] zu unserem Thema herausgearbeitet hat: Die grundlegende Belehrung der Kirche über ihr Verhältnis zum Staat ist «das grelle Bild der Hinrichtung Jesu Christi durch seine Behörde». Was ist dieser Staat? Er ist eine von jenen jederzeit von der Dämonisierung, d. h. von der Selbstverabsolutierung bedrohten Engelmächten ($\dot{\varepsilon}\xi o v \sigma \iota \alpha \iota$) dieses Äons. Was ist ihm gegenüber die Kirche? Sie ist das eigentliche $\pi o \lambda \iota \tau \varepsilon v \mu \alpha$ des neuen

---

[6a] Der Leser wird schon gut tun, zu beachten, daß hier nur dies und nicht mehr als dies versucht wird: auf exegetischem Weg zu einer besseren Sicht des Problems «Kirche und Staat» vorzustoßen. Es wäre m. E. schon viel gewonnen, wenn Einige zugeben würden, daß dieser Versuch als solcher notwendig ist.

[7] Theol. Bl. 1937 Nr. 1. Nach Abschluß dieser Arbeit begegnete mir der Aufsatz von *Gerhard Kittel*, «Das Urteil des Neuen Testamentes über den Staat» (Zeitschr. f. Syst. Theol. 14. Jahrg. 1937, S. 651-680, erschienen im Juni 1938). Er bringt in der mich interessierenden Richtung nichts Neues. – S. 665 dieses Aufsatzes wird jemandem gepredigt, seine Auslegung möge «sich ernsthaft prüfen, ob sie ‹Auslegung› ist, das heißt, ob sie wirklich allein die Ermittlung des im Text Gegebenen zum Ziel hat oder ob es ihr letztlich um eine – mag sein unbewußte – Eintragung eigener Wünsche sich handelt». Nun, das ist eine Mahnung, die jedermann immer wieder mit Nutzen hören kann. Nur daß man solche, die hinsichtlich dessen, was sie heute gerade in dieser Sache sagen *müssen* und *nicht* sagen *dürfen*, so sehr im Glashause sitzen, bitten darf, sich in der Apostrophierung anderer einige Zurückhaltung aufzuerlegen. Was in dem erwähnten Aufsatz selbst z. B. gleich S. 652 f. über «Fremdstaat» und «Volksstaat» gesagt und nicht gesagt ist, dürfte mit den «Wünschen» des Verfassers sowie mit denen gewisser «Mächte und Gewalten» bestimmt in einigem Zusammenhang stehen.

Himmels und der neuen Erde, als solches jetzt und hier allerdings noch verborgen und also im Raume des Staates eine Fremdengemeinschaft (παροικία). Aber die Solidarität der Not und des Todes verbindet die Christen wie mit allen Menschen so auch mit den Trägern der Staatsgewalt. Indem die Kirche lieber die Verfolgung durch die zum «Tier aus dem Abgrund» gewordene Staatsgewalt erduldet, als die Vergötterung des Cäsars mitmacht, weiß sie sich doch auch für ihn verantwortlich und betätigt sie diese ihre Verantwortlichkeit, ihren «prophetischen Wächterdienst», zuhöchst und entscheidend, darin, daß sie für ihn und seine Beamten unter allen Umständen betet. – Schmidt's Darstellung beschäftigt sich ausdrücklich nur mit einem Ausschnitt des Problems «Kirche und Staat im Neuen Testament» und zwar mit der / unserer Frage scheinbar gerade entgegengesetzten Frage nach dem «*Gegenüber*» der beiden Bereiche. Es scheint mir wichtig, festzustellen, daß auch bei dieser anderen Problemstellung bei Befragung des Neuen Testamentes eine ganze Reihe von Gesichtspunkten unvermeidlich sichtbar wurde, die nun doch auch zur Beantwortung unserer Frage nach dem positiven *Zusammenhang* der beiden Bereiche von höchster Bedeutsamkeit sind, so sichtbar, daß ich mich im Folgenden einfach an diese Reihe halten kann.

1. Das Gegenüber von Kirche und Staat als solches

Auch ich halte es für richtig und wichtig, zunächst auf das «Gegenüber» von *Jesus und Pilatus* hinzuweisen. Die Reformation hat in ihrer Lehre von Kirche und Staat, soweit ich sehe, in den ganzen doch ziemlich inhaltsreichen evangelischen Texten, die sich mit dieser Begegnung beschäftigen, nur an dem Wort Joh. 18, 36: «Mein Reich ist nicht von dieser Welt» Interesse genommen. Sie hätte es offenbar als eine Störung ihrer Gedanken über den Kurfürsten von Sachsen oder den Rat von Zürich und Genf empfunden, hätte sie sich dabei allzu intensiv gerade an Pilatus erinnern lassen müssen. Aber wäre hier nur Störung zu erwarten gewesen und nicht vielleicht gerade eine bessere Begründung dessen, was sie in dieser Sache sagen wollte? Hier ist jedenfalls Einiges nachzuholen[8]. /

In der Tat: Der Staat in seiner Dämonisierung und damit sein Charakter als Macht dieses Äons auf der einen, die Heimatlosigkeit der Kirche in diesem Äon auf der anderen Seite – das wird in dieser Begegnung «grell» genug sichtbar: Hätten die Archonten

---

[8] Gerade in dem hier Folgenden sind mir nun freilich die in einem ganz andern Zusammenhang angestellten Erwägungen *Calvins* über das sub Pontio Pilato im Credo indirekt sehr aufschlußreich gewesen:
Pourquoy n'est il dict simplement en un mot qu'il est mort, mais est parlé de Ponce Pilate, soubz lequel il a souffert?
Cela n'est pas seulement pour nous asseurer de la certitude de l'histoire: mais est aussi pour signifier, que sa mort emporte condemnation.
Comment cela?
Il est mort, pour souffrir la peine qui nous estoit deue, et par ce moyen nous en delivrer. Or pource que nous estions coulpables devant le iugement de Dieu comme mal-faicteurs: pour representer nostre personne, il a voulu comparoistre devant le siege d'un iuge terrien, et estre condamné par la bouche d'iceluy: pour nous absoudre au throne du Iuge celeste.
Neantmoins Pilate le prononce innocent et ainsi il ne le condamne pas, comme s'il en estoit digne (Matth. 27, 24; Luc. 23, 14).
Il y a l'un et l'autre. C'est qu'il est iustifié par le temoignage du iuge, pour monstrer, qu'il ne souffre point pour ses demerites, mais pour les nostres: et cependant est condamné solennellement par la sentence d'iceluy mesme, pour denoter, qu'il est vrayment nostre

dieses Äons⁹ die Weisheit Gottes, die «wir», die Apostel, reden zu den Vollkommenen, erkannt, «so hätten sie den Herrn der Herrlichkeit nicht gekreuzigt». Sie zeigten dort, daß sie sie *nicht* erkannt haben (1. Kor. 2, 6 f.). – Aber die Belehrung über die Diastase zwischen Kirche und Staat war und ist nicht die einzige Belehrung, die die Gemeinde aus den mit der Begegnung von Jesus und Pilatus beschäftigten Texten zu gewinnen hat.

Ich verweise zunächst auf Joh. 19, 11: Hier bestätigt Jesus dem Pilatus ausdrücklich, daß er ἐξουσία über ihn habe und zwar nicht eine zufällige, oder angemaßte, sondern eine ihm «von oben» gegebene¹⁰. Und diese ἐξουσία ist gar nicht etwa an sich und als solche eine Macht des Bösen, der Feindschaft gegen Jesus und seinen Anspruch. Pilatus selbst hat die Sache in dem vorangehenden v 10 dahin formuliert: «Ich habe Macht, dich *frei zu sprechen* und ich habe Macht, dich zu *kreuzigen*». Sie konnte als von Gott gegebene Macht und ohne diesen Charakter zu verlieren, Jesus gegenüber so und so gebraucht werden. Wäre Jesus von Pilatus freigesprochen worden, dann hätte das zwar gewiß *nicht* bedeutet: die Legitimie / rung Jesu als des Königs, der dazu geboren und in die Welt gekommen ist, daß er für die Wahrheit zeuge (Joh. 18, 37). Diese Legitimierung konnte und kann keines Pilatus Sache sein. Der Staat ist in der Wahrheitsfrage neutral: «Was ist Wahrheit?» (Joh. 18, 38). Wohl aber hätte dies und also die der Archonten dieses Äons als solchen mögliche Erkenntnis der Weisheit Gottes (1. Kor. 2, 8) bedeutet: Jesu Legitimierung, den Anspruch, dieser König zu sein, mit lauter Stimme unter den Menschen erheben zu dürfen: die rechtliche Freigabe der Verkündigung der Rechtfertigung! Pilatus hat Jesus *nicht* freigesprochen. Er hat seine Macht dazu gebraucht, Jesus zu kreuzigen. Jesus hat aber ausdrücklich anerkannt, daß sie auch so die ihm von Gott ge-

---

pleige, recevant la condamnation pour nous afin de nous en acquiter. C'est bien dit. Car s'il estoit pecheur, il ne seroit pas capable de souffrir la mort pour les autres: et neantmoins, afin que sa condamnation nous soit delivrance, il faut qu'il soit reputé entre les iniques (Jes. 53, 12).
Ie l'entens ainsi.
(Catéchisme de l'Eglise de Genève 1542, Bekenntnisschriften und Kirchenordnungen der nach Gottes Wort reformierten Kirchen, München 1937 f, Heft 1, S. 9).

[9] Archonten werden Röm. 13, 3 die Beamten des Staates genannt!
[10] Es scheint mir angesichts dieser Stelle nicht gut möglich, so allgemein wie *H. Schlier* (Die Beurteilung des Staates im Neuen Testament Z. D. Z. 1932 S. 312) es tut, zu sagen: «Der irdische Staat hat keine Möglichkeit, über dieses Reich und seine Vertreter ein Urteil abzugeben». Eben dazu ist er hier offenbar durch die Synagoge des alten Bundes (im Sinne der Evangelien sicher non sine Deo) dringend genug aufgerufen.

gebene Macht sei. Unterwarf er sich damit nach der Meinung des Evangelisten dem Willen und Spruch einer allgemeinen göttlichen Vorsehung? Oder war dem Evangelisten etwa das wichtig an diesem anderen Gebrauch, den Pilatus von seiner ἐξουσία machte, daß er statt Recht zu sprechen dem Unrecht im Gewande des Rechtes seinen Lauf ließ? War hier nur das oder doch vorzugsweise das zu sehen und zu würdigen, daß der Staat sich mit dieser Entscheidung *gegen* die Kirche wendete? Nein, was jetzt, in diesem Gebrauch der ἐξουσία des Staatsmannes geschah, eben das war ja das einzig Mögliche, was in Vollstreckung des gnädigen Willens des Vaters Jesu Christi geschehen konnte! Eben indem er (immerhin im Gewande des Rechtes! in Ausübung der ihm von Gott gegebenen ἐξουσία) dem Unrecht seinen Lauf ließ, war er ja das menschlich geschöpfliche Werkzeug der durch diese Kreuzigung ein für allemal zu vollziehenden Rechtfertigung des sündigen Menschen. Man bedenke die geradezu unübersehbare Bedeutsamkeit des Vorganges im Lichte der paulinischen Botschaft: Indem Pilatus Jesus aus den Händen der Juden entgegennimmt, um ihn geißeln und kreuzigen zu lassen, ist er sozusagen der Mittelsmann, der ihn übernimmt im Namen der Heidenschaft, die eben damit ihre Solidarität mit der Sünde Israels offenbart, eben damit aber auch eintritt in die Gemeinschaft von Israels Verheißung. Was wäre aller Rechtsschutz, den der Staat dort der Kirche gewähren konnte und sollte, gewesen neben diesem Tun, in welchem er ja, menschlich gesehen, geradezu zum Begründer der Kirche wurde? Als welcher er sich denn auch / z. B. in dem Zeugnis des Centurio unter dem Kreuz (Mk. 15, 39) allen anderen Bekenntnissen vorangehend, ausdrücklich bestätigt hat. Das ist eine Belehrung, die die Kirche aus dem Gegenüber von Jesus und Pilatus jedenfalls *auch* zu gewinnen hat: Gerade der dämonisierte Staat kann wohl das Böse wollen, um dann doch in eminenter Weise das Gute tun zu müssen. Er kann seinem Dienst nicht entlaufen. Er entläuft ihm hier so wenig, wie er ihm nach Luk. 13, 1–5 entlaufen kann, wo derselbe Pilatus, zum Mörder an jenen Galiläern geworden, in der gleichen Weise zum Instrument des Bußrufes werden muß wie der ebenso mörderisch einstürzende Turm von Siloah. Eben darum kann dem Staat seine Ehre nicht verloren gehen. Eben darum muß seinen Vertretern nach dem Neuen Testament unter allen Umständen Ehre erwiesen werden (Röm. 13, 8; 1. Petr. 2, 17).
In dieselbe Richtung weist bei den Synoptikern die Barabbas-Episode. Was tut denn Pilatus, indem er den «berüchtigten» (Matth. 27, 16), den «wegen Aufruhrs und Totschlags ins Gefängnis gesetzten» (Luk. 23, 25) Barabbas frei gibt, den von ihm selbst als unschuldig erkannten Jesus aber preisgibt zur Geißelung und Kreuzigung? Man wird doch bei aller Wunderlichkeit dieser Justiz

nicht übersehen dürfen: eben in diesem Tun des Staatsmannes konnte bestimmt keiner unter den ersten Lesern der Evangelien an etwas Anderes denken als an das Tun Gottes, in welchem er «den, der von keiner Sünde wußte, für uns zur Sünde machte, damit wir in ihm Gerechtigkeit Gottes würden» (2. Kor. 5, 21). Was tut hier der höchst ungerechte menschliche Richter? Er vollstreckt gerade als solcher in eminenter, in direkter Weise den Spruch des höchst gerechten göttlichen Richters. Wo wäre die Kirche, wenn dieser an der Stelle des unschuldigen Jesus frei gegebene Barabbas, wenn also dieser dämonisierte Staat nicht wäre?

Man sollte aber endlich in den Pilatustexten auch dies nicht übersehen: Jesus wurde *nicht* verurteilt als staatsgefährlicher «König der Juden», obwohl er nach Matth. 27, 11; Mark. 15, 2 dieser zu sein selber bekannte[11]. Jesus wurde genau genommen überhaupt nicht verurteilt. Alle vier Evangelien überbieten sich vielmehr in der Feststellung: Pilatus erklärte ihn für unschul / dig, für einen Gerechten! (Matth. 27, 19. 24; Mk. 15, 14; Luk. 23, 14. 15. 22; Joh. 18, 38; 19, 4. 6)[11a]. Der Zusammenhang mit der Rechtfertigung wird nun auch nach dieser Seite sichtbar: Derselbe Pilatus, der sich zum Werkzeug der von Gott zur Rechtfertigung des sündigen Menschen beschlossenen Tötung machen, der die Freilassung des Verbrechers Barabbas vollziehen muß – derselbe Pilatus muß nun auch die Voraussetzung dieses Geschehens: die Gerechtigkeit Christi ausdrücklich und öffentlich bestätigen und – wohlverstanden! – eben darin bewegt er sich in der eigentlichen Bahn seines Amtes. «Pilatus suchte ihn frei zu lassen» (Joh. 19, 12). Eben in diesem (als solchem freilich nicht vollstreckten) *frei*sprechenden Urteil ist er bei *seiner* Sache. Eben in dieser Richtung möchte der Staat sein *wahres* Gesicht zeigen. Zeigte er es wirklich, dann mußte der Freispruch erfolgen, dann mußte er der Kirche Rechtsschutz gewähren! Daß dies faktisch nicht geschah, das wird von den Evangelisten unzweideutig als ein *Abweichen* des Pilatus von

---

[11] Es ist nicht richtig, daß Jesus einer «politischen Anklage zum Opfer gefallen» ist (so *G. Dehn*, Engel und Obrigkeit, Theol. Aufsätze 1936, S. 91.)

[11a] Professor Ernst Wolf in Halle verdanke ich folgende Lesefrucht: «Am Aschermittwoch küßt und beschenkt der Kaiser die Kinder seiner Waisenhäuser, belehnt, oder vielmehr belastet später beim Umzug vor allen Leuten den Justizminister mit dem «Tintenfaß des Pilatus», spricht, indem er es auf des Gebeugten Nacken stellt: «Richte nach Gerechtigkeit wie er.» Ein direktes Erinnern an die tadellos korrekte Haltung römischer Justiz in Sachen eben dieses Heilsmysteriums schien den Fortsetzern des Imperium romanum während der Karwoche nicht übel angebracht; Syrern und Abessiniern galt der «Landpfleger» nebst seiner Gattin Procla sogar für heilig». (Sir Galahad, Byzanz. Von Kaisern, Engeln und Eunuchen. 1937. E. P. Tal & Co. Vlg., Wien, S. 87/88.)

seiner Linie, als ein *Versagen* des Staates charakterisiert: er «überweist» Jesus zur Kreuzigung, weil er dem Volke Genüge leisten wollte (Mk. 15, 15). Die politische Anklage gegen Jesus als solche war für Pilatus offenbar gegenstandslos, aber er «entschied, ihr Begehren solle ausgeführt werden» (Luk. 23, 24). «Nehmet *ihr* ihn und kreuziget ihn!» (Joh. 19, 6) – mit staatlichem Recht und staatlicher Rechtsprechung hat diese Entscheidung nichts zu tun – wie denn auch die Juden bestätigen: «*Wir* haben ein Gesetz und nach dem Gesetz muß er sterben» (Joh. 19, 7). Nicht *nach* dem Gesetz des Staates, sondern *trotz* des Gesetzes des Staates, nach diesem ganz *anderen* Gesetz und indem der Staatsmann *nicht* bei seiner Sache war, mußte Jesus sterben. *Ihr*, die Juden, habt Jesus getötet! heißt / es darum (mit Ausnahme von 1. Kor. 2, 8) regelmäßig im Neuen Testament. (Act. 2, 23; 3, 15; 7, 52; 1. Thess. 2, 15.) Der *dämonisierte* Staat ist offenbar gerade in diesem Gegenüber nicht etwa der Staat, der zu viel, sondern der zu *wenig* Staat ist, der im entscheidenden Augenblick sich selber treu zu sein *unterläßt*. Selbstverabsolutierung des Staates? Hätte sich doch Pilatus als Staatsmann absolut ernst genommen! Er mußte ja seine ἐξουσία anders gebrauchen, als er es getan hat. Daß er sie dennoch so brauchte, wie er es tat, das konnte nicht hindern, daß sie sich als von oben ihm gegebene nun erst recht erwies. Er konnte sie aber nicht brauchen, wie er es getan hat, ohne sich damit in *Widerspruch* zu seinem Amt zu setzen, ohne, im Gewande des Rechts handelnd, das Recht, das er hochhalten sollte, niederzutreten, eben damit aber zu bezeugen, daß er, seinem Auftrag entsprechend, anders hätte entscheiden müssen. Wird er, indem er das Recht beugt, zum unfreiwilligen Vollstrecker und Verkündiger der göttlichen Rechtfertigung, so macht er doch zugleich sichtbar, daß eine wirkliche menschliche Rechtsprechung, ein wirkliches Zeigen des wahren Gesichts des Staates unfehlbar die Legitimierung der freien und bewußten Verkündigung derselben göttlichen Rechtfertigung, des Reiches Christi, das nicht von dieser Welt ist, hätte bedeuten müssen.

Wir werden diese doppelte positive Bestimmung des Gegenübers der beiden Bereiche, wie sie gerade in diesem kritischsten Falle sichtbar wird, nicht wieder aus den Augen verlieren dürfen. Man kann gerade im Blick auf diesen kritischsten Fall nicht wohl sagen, daß die Rechtsordnung des Staates «mit der der Erlösungsordnungen nichts zu tun» habe, daß wir uns hier im Bereich des ersten und nicht des zweiten Glaubensartikels befänden[12]. Nein, gerade Pontius Pilatus gehört nun einmal nicht nur ins Credo, sondern wirklich in dessen zweiten Artikel!

---

[12] So *G. Dehn*, a. a. O. S. 97 und 106.

2. Das Wesen des Staates

Es darf wohl als rätselhaft bezeichnet werden, daß in der Exegese der doch wahrhaftig zu allen Zeiten viel beachteten Stelle, Röm. 13, 1–7, nachdem eine von Irenaeus[13] er / wähnte alte Auslegung sich offenbar nicht durchgesetzt hatte, erst in den letzten Jahren wieder mit Nachdruck[14] auf den doch von jeher offenkundigen Sachverhalt aufmerksam gemacht worden ist, daß das Wort ἐξουσίαι, das Paulus dort in v 1 und ebenso in Tit. 3, 1, das aber gelegentlich (12, 11) auch Lukas zur Bezeichnung der politischen Obrigkeit verwendet, überall da, wo es im Neuen Testament sonst im Pluralis (oder im Singularis mit πᾶσα) auftritt (1. Kor. 15, 24; Kol. 1, 16; 2, 10, 15; Eph. 1, 21; 3, 10; 6, 12; 1. Petr. 3, 22) zweifellos eine Gruppe von den für das biblische Welt- und Menschenbild so bezeichnenden *Engelmächten* meint. ἐξουσίαι sind wie ἀρχαί oder ἄρχοντες, δυνάμεις, θρόνοι, κυριότητες, ἄγγελοι usf. und von diesen allen begrifflich wohl schwer zu unterscheiden (wahrscheinlich mit ihnen unter dem Gattungsbegriff ἄγγελοι zusammenzufassen): geschöpfliche, aber unsichtbar-geistig-himmlische Mächte, die in und über der sonstigen Schöpfung eine gewisse Selbständigkeit und in dieser Selbständigkeit auch eine gewisse überlegene Würde, Aufgabe und Funktion haben, einen gewissen realen Einfluß ausüben. Die von *G. Dehn* gebotenen Nachweisungen verstärken die zunächst aus dem Sprachgebrauch sich ergebende hohe Wahrscheinlichkeit, daß die neutestamentliche Gemeinde, wenn sie über den Staat, den *Καῖσαρ* oder *βασιλεύς* und seine Vertreter und deren Tätigkeit nachdachte, das Bild einer solchen in ihm repräsentierten und wirksamen Engelmacht vor Augen hatte. Der Begriff ἐξουσία im Singularis ist uns ja bereits begegnet als Bezeichnung der dem Pilatus gegebenen Möglichkeit, Jesus freizusprechen oder zu kreuzigen. Ebenso der Begriff ἄρχοντες, bei dem man 1. Kor. 2, 8 sicher an den Staat *und* –

---

[13] Adv. o. h. V. 24, 1.
[14] Ist *H. Schlier*, Mächte und Gewalten im Neuen Testament, Theol. Bl. 1930, Sp. 292 der erste gewesen, der es aussprach? *G. Dehn* hat jedenfalls das Verdienst, die Sache zum ersten Mal breit entwickelt zu haben.

eben an eine Engelmacht zu denken hat[15]. Was bedeutet das? Man hat mit Recht hervorgehoben[16], daß damit erklärt ist, wieso der Staat aus dem durch Gottes Willen und Anordnung eingesetzten Schützer des Rechtes von Röm. 13 zu dem vom Drachen ermächtigen, den Cäsarenkult fordernden, / die Heiligen bekriegenden, Gott lästernden, die ganze Welt erobernden Tier aus dem Abgrund von Apc. 13[17] werden kann. Eine Engelmacht kann eben verwildern, entarten, sich verkehren und so zur Dämonenmacht werden. Der Jesus kreuzigende Pilatus-Staat ist das offenbar geworden. Die Warnung vor der bei solcher Dämonisierung der Engelmächte möglich werdenden Täuschung der Christen, vor einer $\vartheta\rho\eta\sigma\varkappa\varepsilon i\alpha\ \tau\tilde{\omega}\nu\ \dot{\alpha}\gamma\gamma\acute{\varepsilon}\lambda\omega\nu$ (Kol. 2, 18), der Aufruf zu den nicht mit Fleisch und Blut, sondern mit den Mächten, den Gewalten, den $\varkappa o\sigma\mu o\varkappa\rho\acute{\alpha}\tau o\rho\varepsilon\varsigma$ der Finsternis auszufechtenden Ringkampf (Eph. 6, 12), aber auch der Trost, daß sie uns von der Liebe Christi *nicht* trennen können (Röm. 8, 38 f.)[18] und der Ausblick auf ihre endliche «Aufhebung» durch Christus in seiner Parusie (1. Kor. 15, 24), das Alles kann sich mehr oder weniger direkt auch auf die politischen Dämonen und Dämonien beziehen.

Aber gerade die zuletzt genannte Stelle mahnt zur Vorsicht. Mit der Feststellung der Diastase zwischen Christus und dem Staat dürfte nicht einmal im Blick auf das «Tier aus dem Abgrund» das letzte Wort gesagt sein. Ich halte es für bedenklich, das $\varkappa\alpha\tau\alpha\rho\gamma\varepsilon\tilde{\iota}\nu$ 1. Kor. 15, 24 mit «vernichten» zu übersetzen, so gewiß es diesen Sinn an andern Stellen tatsächlich hat. Denn unmittelbar nachher, v 25, heißt es: «Er muß herrschen, bis daß er alle Feinde unter seine Füße lege», das heißt aber: souverän über sie verfüge. Das ist auch das Bild von Phil. 2. 9 f.: «Darum hat Gott ihn erhöht und ihm den Namen gegeben, der über alle Namen ist, damit in dem Namen Jesu sich beugen solle jedes Knie derer, die im Himmel und auf Erden und unter der Erde sind» – von Eph. 1, 21: «Er hat ihn zu seiner Rechten gesetzt im Himmel über alle Herrschaft und Macht und Kraft...» – von 1. Petr. 3, 22: «Der zur Rechten Gottes ist, nachdem er in den Himmel gefahren und ihm die Engel und Mächte und Kräfte unterworfen sind.» Das ist auch das Bild der besonders drastischen Stelle Kol. 2, 15: «Nachdem Gott die Herrschaften und Gewalten entwaffnet, führte er sie öffentlich zur Schau und machte sie zu einem Triumph in Chri-

---

[15] Und nach Röm. 8, 39 (οὔτε τις κτίσις ἑτέρα) können wir auch bei der Bezeichnung des Staates als einer ἀνθρωπίνη κτίσις 1. Petr. 2, 13 von diesem Bereich nicht allzu weit entfernt sein.
[16] Vgl. G. Dehn, a. a. O. S. 108.
[17] Vgl. dazu H. Schlier, Vom Antichrist, Theol. Aufs. 1936, S. 110 f.
[18] Ich wundere mich, daß G. Dehn, a. a. O. S. 101 das Gegenteil behauptet.

stus.» Nicht vernichtet, sondern zum Dienst und zur Verherr / lichung Christi und durch ihn Gottes gezwungen zu werden, ist danach die in Christi Auferstehung und Parusie sichtbar werdende Bestimmung der störrischen Engelmächte. Dem entspricht aber auch der Anfang und die Mitte ihrer Geschichte. Ich sehe nicht recht ein, wie man von ihnen[19] ohne weiteres sagen kann, sie seien «die Welt, die von sich selbst als von einem anderen gelebt, lebendig ist» und als solche «die Antipoden der Schöpfung und ihre Verkehrung»: «In ihnen steht die einsame Welt auf». Nach Kol. 1, 15 f. steht es doch vielmehr so, daß sie im Sohne Gottes als dem Ebenbild des unsichtbaren Gottes durch ihn und auf ihn hin erschaffen worden sind, und nach Kol. 2, 10 so, daß sie in ihm ihr Haupt haben. Sie gehören also von Haus aus gerade nicht sich selber. Sie stehen von Haus aus zu Jesu Christi Verfügung. Sein Werk gilt auch ihnen: Er «erschienen den Engeln» (1. Tim. 3, 16). Die Heidenpredigt des Paulus hat zur Folge, daß ihnen διὰ τῆς ἐκκλησίας, durch die Existenz der Kirche «die mannigfaltige Weisheit Gottes» kundgegeben wird (Eph. 3, 10)[20]. Mit der Gemeinde gelüstet es auch sie, hineinzuschauen in das künftig zu offenbarende Geheimnis der σωτηρία (1. Petr. 1, 12). Und sie assistieren nicht nur als Zuschauer: auch für sie steht in Kraft die in der Kreuzigung Christi vollzogene Friedensstiftung (Kol. 1, 20) und ἀνακεφαλαίωσις (Eph. 1, 10), die ja an beiden Stellen auf die Erde *und* auf den Himmel bezogen wird. Man bemerke wohl: von einer Rechtfertigung der Dämonen und Dämonien ist nicht die Rede, wie denn die ganze Funktion Christi den Engelmächten gegenüber mit der Rechtfertigung direkt nichts zu tun hat. Wohl aber scheint sie Einiges mit dem Recht zu tun zu haben. Denn davon ist allerdings die Rede, daß in Christus auch die Engelmächte, soweit sie dessen bedürfen, zur Ordnung gerufen, in ihre ursprüngliche Ordnung gebracht sind, so daß alle weitere Rebellion in diesem Bereich grundsätzlich nur noch ihrer Schöpfung in Christus entsprechend, innerhalb dieser Ordnung, nur noch in Form eines widerwilligen Dienstes am Reiche Christi, geschehen kann, bis auch diese Rebellion innerhalb der Grenzen des Reiches Christi in dessen Auferstehung und Parusie gebrochen ist. Ein Herausbrechen, ein Entrinnen der Engelmächte / aus dieser ihrer ursprünglichen und endlichen Ordnung gibt es schon jetzt, in der von seiner Auferstehung und Parusie umklammerten Zeit, nicht mehr.
Was folgt daraus, wenn das Alles auch auf die politische Engelsmacht anzuwenden ist? Offenbar dies: daß diese Macht, daß der

---

[19] Mit *H. Schlier*, Mächte und Gewalten, a. a. O. Sp. 291.
[20] Wahrscheinlich dürfte auch Kol. 1, 26 hierher gehören.

Staat als solcher ursprünglich und endlich zu Jesus Christus gehört, daß er in seiner relativ selbständigen Substanz, Würde, Funktion und Zielsetzung der Person und dem Werk Jesu Christi und also der in ihm geschehenen Rechtfertigung des Sünders zu dienen hat. Dämonisieren kann er sich wohl und das Neue Testament macht kein Hehl daraus, daß die Gemeinde es jederzeit mit dem dämonisierten Staat zu tun haben kann und tatsächlich zu tun hat. Die Dämonisierung des Staates wird freilich auch unter diesem Gesichtspunkt weniger, wie man gewöhnlich betont, in einer illegitimen Verselbständigung als gerade in dem *Verlust* seiner legitimen, relativen *Selbständigkeit*, in einem Verzicht auf seine eigentliche Substanz, Würde, Funktion und Zielsetzung bestehen, neben dem dann der Cäsaren-Kult, der Staats-Mythus und dergleichen mehr Folgeerscheinungen sind. Es kann aber aus dem, was dieser dämonisierte Staat will und versucht, unter allen Umständen *nichts* werden, er wird zähneknirschend dennoch und gerade da dienen, wo er herrschen, da bauen, wo er zerstören, da Gottes Gerechtigkeit bezeugen, wo er menschliche Ungerechtigkeit offenbaren möchte. Und wohlverstanden: die Dämonisierung des Staates kann auch *unterbleiben*[21]. Es ist im Neuen Testament nicht an dem, daß der Staat sich sozusagen naturnotwendig früher oder später, so oder so, als das Tier aus dem Abgrund gebärden *müßte*. Wie sollte er das *müssen*, da doch auch er in Christus durch ihn und zu ihm geschaffen, da auch ihm durch die Kirche die mannigfaltige Weisheit Gottes kundgetan ist? Von seinem eigenen Ursprung her und in seiner konkreten Begeg / nung mit Christus und seiner Kirche könnte er ja auch – nicht etwa selber Kirche sein, wohl aber (seiner Substanz, Würde, Funktion und Zielsetzung entsprechend und also sich selber treu, statt sich selber preisgebend!) Recht sprechen und das Recht schützen und damit dann sicher – gewollt oder ungewollt, sehr indirekt aber tatsächlich – der Botschaft von der Rechtfertigung freie, gesicherte Bahn geben. Man kann es gerade im Lichte der neutestamentlichen Engellehre unmöglich von sich weisen, auch damit zu rechnen, daß der Staat seine der Wahrheit gegenüber neutrale Existenz faktisch auch darin betätigen kann, daß er der Kirche gerade als

---

[21] Die politischen Erfahrungen der letzten Jahrzehnte haben die neutestamentliche Exegese in dieser Sache vielfach zu einem gewissen Pessimismus angeleitet, der sich den wirklichen Sachverhalten gegenüber m. E. nicht halten läßt. Der Staat von Apc. 13 ist wie *H. Schlier*, Die Beurteilung des Staates a. a. O. S. 329, sehr richtig sagt, «der Grenzfall des möglichen Staates». Also gerade nicht die Regel! *G. Kittel* möge dem entnehmen, daß die angelologische Auslegung der ἐξουσίαι mit einer «dämonistischen» bzw. «antistaatlichen» durchaus nicht, wie er (S. 662, 675, 680) anzunehmen scheint, identisch ist.

echter und rechter Staat den Dienst leistet, den er ihr leisten kann: daß er ihr echte und rechte Freiheit gibt, «daß wir ein ruhiges und stilles Leben führen können in aller Frömmigkeit und Ehrbarkeit» (1. Tim. 2, 2). Kann er der realen Unterordnung, in der er existiert, nicht entrinnen, wenn er zum Unrechtsstaat und zum Verfolger der Kirche wird, so kann er doch in derselben realen Unterordnung auch als Rechtsstaat sein wahres Gesicht – *in praxi* wird das wohl bedeuten: wenigstens einen Teil seines wahren Gesichtes – zeigen, wie er es etwa dem Paulus der Apostelgeschichte gegenüber weithin getan zu haben scheint[22]). Es würde also von der Kirche her wirklich keinen Sinn haben, zu tun, als befände sie sich dem Staat und den Staaten gegenüber in einer Nacht, in der alle Katzen grau sind. Es geht vielmehr auch in den der Kirche gegenüberstehenden Staaten dauernd um Entscheidungen und darum auch um Unterschiede zwischen Staat und Staat, zwischen dem Staat gestern und dem Staat heute, die als solche zu beachten sind. Daß es in der Gemeinde nach 1. Kor. 12, 10 unter anderen Gaben auch die zur διάϰρισις πνευμάτων gibt, das würde, wenn unter diesen πνεύματα wieder die Engelmächte zu verstehen sein sollten, von da aus auch eine in Predigt, Unterweisung und Seelsorge wohl zu beachtende politische Relevanz bekommen können. /
Ein entscheidender exegetischer Gewinn dieser ganzen Überlegung dürfte schließlich der sein, daß es in Röm. 13 von da aus nicht mehr zweifelhaft sein kann: Der *Gott*, von dem her die Obrigkeit ist, von dem jede faktisch bestehende Obrigkeit eingesetzt ist (v 1), dessen Anordnung sich der widersetzen würde, der jener widerstünde (v 2), dessen διάϰονος sie heißt (v 4) und dessen λειτουργοί ihre Vertreter sind (v 6) – dieser Gott kann nicht losgelöst von der Person und dem Werk Christi, er kann gerade nicht im Allgemeinen als Schöpfer- und Regierergott verstanden werden, wie es mit der üblichen Auslegung die Reformatoren, aber auch die neueren Ausleger bis und mit Schlier und Dehn getan haben. Wir befinden uns, wenn das Neue Testament vom Staate redet, auch von dieser Seite gesehen grundsätzlich im *christologischen* Bereich: auf einer anderen Ebene, als wenn es von der Kirche redet, aber in eigentümlicher Parallele und Beziehung zu den Aussagen über die Kirche in einem und demselb-

---

[22] Wenn die bisher übliche Deutung des ϰατέχον bzw. ϰατέχων 2. Thess. 2, 6f. auf die dem Hereinbruch des Antichrist entgegenwirkende Funktion des römischen Staates, nicht «leider» durch O. *Cullmann* (Le caractère eschatologique du devoir missionnaire et de la conscience apostolique de St-Paul, in: Recherches théologiques (Strasbourg 1936, S. 26–61) stark erschüttert wäre, würde hier auch dieser Stelle zu gedenken sein.

ben, dem christologischen Bereich. Es genügt darum nicht[23] festzustellen, daß mit dem ὑπὸ θεοῦ die Vorstellung eines Ursprungs des Staates aus der Natur, dem Schicksal, der Geschichte, aus einem Vertrag, aus dem Wesen der Gesellschaft und dergleichen abgelehnt und daß mit dieser seiner Begründung der Staat zugleich an seine Grenze erinnert werde. Daß Beides mit dem ὑπὸ θεοῦ geschieht, ist wohl richtig; es muß aber hinzugefügt werden, daß Paulus bei dieser Begründung und Begrenzung des Staates bestimmt nicht in die Leere eines allgemeinen Gottesbegriffs, sondern dorthin geblickt und gewiesen hat, wo alle Engelmächte ihren Grund und ihre Grenze haben und also auf «das Ebenbild des unsichtbaren Gottes», der als solcher auch «der Erstgeborene aller Kreatur» ist (Kol. 1, 15). Man braucht bloß zu sehen, daß es für Paulus im Umkreis *dieses* Zentrums und also *innerhalb* des christologischen Bereichs – wenn auch *außerhalb* der Sphäre, für die das Wort Rechtfertigung bezeichnend sein mag – verkörpert in der Engelwelt noch eine *andere* sozusagen sekundär-christologische, die Kirche mit dem Kosmos verbindende Sphäre gegeben hat, in der ihm die Notwendigkeit und Wirklichkeit der menschlichen Rechtsetzung und Rechtspflege offen / bar vor anderem wichtig gewesen ist – um einzusehen, daß wir es auch in Röm. 13 nicht mit einem unbestimmten, sondern mit einem bestimmten Gebrauch des Namens Gottes zu tun haben. Die Einsetzung und Funktion des Staates und vor allem das von den Christen ihm gegenüber geforderte Verhalten verliert dann die gewisse Zufälligkeit, die dem allem nach der bisher üblichen Auslegung eigen ist. Man wird dann auch nicht genötigt sein, die 1. Petr. 2, 13 ausdrücklich gegebene Begründung des geforderten Verhaltens: διὰ τὸν κύριον[24] auf Gott im Unterschied zu Jesus Christus zu beziehen, wo doch bei der Verwendung ähnlicher Formeln in den Haustafeln des Kolossser- und Epheserbriefes nach dem ausdrücklichen Zeugnis von Kol. 3, 24; Eph. 5, 20; 6, 6 kein anderer Kyrios als eben Jesus Christus gemeint ist. Ὑποτασσόμενοι ἀλλήλοις ἐν φόβῳ Χριστοῦ (Eph. 5, 21). Die Furcht vor Christus, d. h. die schuldige Rücksicht auf ihn als den, der nach Kol. 4, 1; Eph. 6, 9 der Herr aller kreatürlichen Herren ist und der als solcher durch ein entgegengesetztes Verhalten verunehrt und erzürnt würde – sie ist es offenbar, die nach 1. Petr. 2, 13 f. nun auch den Imperativ: ὑποτάγητε... βασιλεῖ begründen soll. Und in dieselbe Richtung wird man zu denken haben, wenn Röm. 13, 5 von dem gleichen ὑποτάσσεσθαι gefordert wird, daß es nicht nur aus Angst vor dem Zorn der Obrigkeit, sondern

---

[23] Mit *H. Schlier*, Die Beurteilung des Staates, a. a. O. S. 323.
[24] Mit *G. Dehn*, a. a. O. S. 99.

διὰ τὴν συνείδησιν stattfinden solle. Συνείδησις heißt Mit-Wissen. Mit *wem* der Mensch *was* «mit-weiß», das kann im Neuen Testament keine offene Frage sein. *Schlatter* hat συνείδησις θεοῦ 1. Petr. 2, 19 geradezu mit «Gottesgewißheit» übersetzt. Sicher ist, daß die Röm. 13, 5 gebrauchte Formel 1. Kor. 10, 25, 27, wo sie auch vorkommt, nicht auf eine dem Menschen im Allgemeinen, sondern auf eine dem Christen als solchen übergeordnete Norm hinweist, aus deren Erkenntnis das bestimmte, geforderte Verhalten zu folgen hätte. Das christliche Wissen, Gewißsein und Gewissen bzw. die in ihm erkannte Norm verlangt nach 1. Kor. 10 nicht, daß die Christen auf dem Fleischmarkt oder beim Gastmahl nach der Herkunft des ihnen vorgesetzten Fleisches fragen. Das christliche Gewissen verlangt aber nach Röm. 13, daß sie sich der Obrigkeit unterordnen. Offenbar darum, weil wir es in ihrer Herrschaft indirekt, aber real mit der Herrschaft Jesu Christi zu tun haben. /

3. Die Bedeutung des Staates für die Kirche

Man hat zur Beleuchtung des Gegenübers von Kirche und Staat mit Recht Gewicht darauf gelegt, daß das πολίτευμα oder die πόλις der Christen nicht in der Gegenwart, sondern im neuen Äon, nicht hier auf Erden, sondern dort im Himmel, zu suchen und zu finden ist. Phil. 3, 20; Hebr. 11, 10, 13–16; 12, 22; 13, 14 ist davon in eindrucksvoller Weise die Rede. Und Apc. 21 wird diese πόλις der Christen, mit ihren Mauern, Toren, Straßen und Grundsteinen ausgemessen und dargestellt: «Die heilige Stadt, das neue Jerusalem, von Gott her aus dem Himmel herabkommend, gerüstet wie eine Braut, die für ihren Mann geschmückt ist» (v 2). In dieser Stadt wird bezeichnenderweise der Tempel fehlen: «Denn der Herr, der allmächtige Gott, ist ihr Tempel und das Lamm» (v 22). Dafür heißt es von ihr: «Die Völker werden in ihrem Licht wandeln und die Könige der Erde bringen ihre Herrlichkeit in sie. Und ihre Tore werden nicht geschlossen werden am Tage – denn dort wird es keine Nacht geben – und man wird die Herrlichkeit und die Pracht der Völker in sie bringen. Und nicht wird irgend etwas Unreines in sie eingehen, noch wer Greuel übt», sondern nur die, «welche im Lebensbuch des Lammes geschrieben stehen» (v 24–27). Man wird hier vor allem betonen müssen, daß es sich bei dieser künftigen πόλις, in der die Christen doch jetzt und hier schon, ohne sie schon bewohnen zu können, ihr Bürgerrecht haben, nicht um einen idealen, sondern um einen realen, ja sogar um den allein realen, nicht um einen gedachten, sondern um den allein wahrhaft seienden Staat handelt. Und eben dies, daß sie in diesem, dem realen Staat Bürgerrecht haben, macht die Christen im Staat oder in den Staaten dieser Zeit und Erde zu jenen Gästen und Beisaßen. Eben dies und also ihr Glaube und ihre Hoffnung – nicht etwa der Blick auf die Unvollkommenheit oder auch Verkehrtheit der Staaten dieser Zeit und Erde! Es ist kein Ressentiment, sondern ein positives Pathos, von dem erfüllt sie im Unterschied zu den Nicht-Christen wissen, daß sie hier keine «bleibende Stadt» haben (Hebr. 13, 14). Weil er sich «bewacht» weiß durch den Frieden Gottes, der höher ist als alle Vernunft (Phil. 4, 7), darum – und nicht wegen irgendwelcher

direkter Beden / ken – kann die Pax Romana einem Paulus «nicht als ein Allerletztes» imponieren[25]. Weil die Heiligen die Welt richten werden, darum – und nicht wegen einer besonderen Schlechtigkeit der korinthischen Gerichte – sollen die Christen nach 1. Kor. 6, 1–6 fähig dazu sein, in bestimmten Grenzen auf die Anrufung der staatlichen Gesetze und Gerichtsbehörden verzichten zu können. Es ist der gewaltig hereinbrechende neue Äon, dessen Hoffnung die Kirche vom Staate, nämlich vom Staate dieser Zeit und Erde *trennt*. Es fragt sich nur, ob nicht gerade diese Hoffnung sie auch in eigentümlicher Weise mit jenem *verbindet*. Nach *H. Schlier*[26], der diese Frage mit Recht bejaht, wäre diese Verbindung nun freilich die folgende: «Wer das menschliche Leben im Glauben eingeordnet und eingebaut sieht in die von Gott bereitete Welt ... der wird in dem Anspruch der faktischen irdischen Bindungen, in denen der Mensch vorkommt, und in dem Anspruch auch der übergreifendsten Bindung, des Staates, den Willen Gottes hören und in ihm von Gott geschaffene Bindungen sehen ... In dem eschatologischen Wissen um das faktische Ende der Welt meldet sich die gegenwärtige Welt in ihrem eigentlichen und wahren Charakter als Schöpfung Gottes zu Wort». Dazu möchte ich fragen: Ob sich das Neue Testament etwa irgendwo für «die gegenwärtige Welt in ihrem eigentlichen und wahren Charakter als Schöpfung Gottes» anders als in der Weise interessiert, daß es sie als in Christus begründet, zusammengefaßt und wiederhergestellt findet? Sollte dann aber bei dem Aufweis jener Verbindung nicht besser entscheidend von vorne, von dem kommenden Äon, von Christus, statt von hinten, d. h. *in abstracto* von der Schöpfung und ihren angeblich göttlichen Bindungen her gedacht werden müssen?
Eines geschieht ja im Neuen Testament ganz unzweifelhaft, und das ist die Bezeichnung der Ordnung gerade des neuen Äons als einer *politischen* Ordnung. Wir gedenken der für seine neutestamentliche Charakterisierung so wichtigen Benennung als βασιλεία τοῦ θεοῦ oder τῶν οὐρανῶν und der wahrlich ebenfalls politischen Würdetitel des Königs dieses Reiches: *Messias* und *Kyrios*. Und wir entnehmen aus Apc. 21: nicht etwa die reale ἐκκλησία sondern gerade die reale πόλις ist / die Verfassung des neuen Äon. Oder anders ausgedrückt: nicht in einem himmlischen Spiegelbild ihrer eigenen Existenz, sondern gerade in dem realen himmlischen *Staat* sieht die reale irdische Kirche ihre Zukunft und Hoffnung. Indem sie jetzt und hier die Rechtfertigung der Sünder durch das Blut des Lammes glaubt und verkündigt, sieht

---

[25] Vgl. *K. L. Schmidt*, a. a. O. Sp. 8.
[26] Die Beurteilung des Staates, a. a. O. S. 320.

sie vor sich «von Gott her aus dem Himmel herabkommend» die Stadt des ewigen *Rechtes,* in der es keine Übertreter gibt und deren Tore nicht verschlossen zu werden brauchen, die aber auch keines Tempels bedarf, weil dasselbe Lamm ihr Tempel sein wird. Und diese Stadt wird ja nicht einfach auf den Trümmern der vernichteten Herrlichkeit der Völker und Könige dieser Erde ihren Bestand haben, sondern es wird diese ganze irdische Herrlichkeit nachträglich gleichsam als Tribut in sie eingeliefert werden. Könnte die Kirche der Rechtfertigung dem Staate des Rechts eigentlich eine höhere Schätzung zuteil werden lassen, als indem sie gerade in ihm, nämlich in seiner himmlischen Realität, in deren Licht dann nachträglich doch auch sein irdisches Wesen zu stehen kommt, das entscheidende Prädikat ihres eigenen Hoffnungsgutes sieht? Eine Vergötterung des Staates ist von da aus offenbar unmöglich: nicht darum, weil es eine Göttlichkeit des Staates nicht gäbe, wohl aber weil sie die Göttlichkeit des *himmlischen* Jerusalem ist und als solche dem *irdischen* Staat *nicht* zukommen kann. Unmöglich ist aber von da aus auch das Gegenstück solcher Vergötterung, das gewissermaßen in einer Verteufelung des Staates bestehen würde. Es geht nicht einmal an, die civitas terrena, wie Augustin es gerne tat, so ohne weiteres als die civitas Cain zu verstehen. Nicht weil ihre Vertreter, Träger und Bürger sie davor schützen könnten, zum Staate Kains oder auch des Teufels tatsächlich zu werden, wohl aber weil auch das himmlische Jerusalem ein *Staat* ist und jeder, auch der schlechteste und verkehrteste irdische Staat darin seine unverlierbare Bestimmung hat, dereinst zu der Herrlichkeit des himmlischen Jerusalem beizutragen, so oder so seinen Tribut dorthin zu bringen.

Man versteht von hier aus zunächst zwei Stellen aus dem Epheserbrief, in welchen der Verfasser – obwohl ihm doch das Wort von dem Reich Christi, das nicht von dieser Welt ist, wenn nicht im Wortlaut, so doch der Sache nach bekannt sein / mußte – kein Bedenken trägt, die Kirche (in einem Zusammenhang, in welchem er jedenfalls auch auf ihre irdisch-zeitliche Wirklichkeit blickt) selber als die πολιτεία τοῦ Ἰσραήλ (Eph. 2, 12) und nachher ihre Glieder (in ausdrücklichem Gegensatz zu ihrem *vergangenen* Sein als ξένοι καὶ πάροικοι) als συμπολῖται τῶν ἁγίων (Eph. 2, 19) zu bezeichnen. Es braucht kein Wort darüber verloren zu werden, daß diese «Politisierung» nun auch der irdischen Kirche als eine Politisierung von oben, vom Eschaton her, ihre Fremdlingschaft in diesem Äon und also auch dem irdischen Staat gegenüber weder aufhebt noch auch nur berührt. Merkwürdig und wichtig bleibt es darum doch, daß sich alles auf einmal auch in der Weise umkehren kann, daß die sonst für die Christen so bezeichnenden Begriffe «Fremdlinge und Beisaßen» auch zur Bezeichnung gerade der noch nicht zur Kirche Gehörigen und daß gerade der für den antiken Staat so bezeichnende Begriff der πολιτεία auch zum Prädikat der Kirche auf Erden werden kann. Man wird auch von hier aus die Frage unterstreichen müssen: ob der Einwand der Christen gegen den irdischen Staat und ob das Bewußtsein ihrer eigenen Fremdlingschaft in diesem Staat nicht entscheidend dies bedeutete, daß er ihnen, die um den eigentlichen Staat im Himmel wußten, viel zu *wenig* (und nicht etwa allzusehr!) Staat gewesen ist? Oder positiv: ob sie in der Botschaft von der göttlichen Rechtfertigung (auf dem Umweg über die himmlische Hoffnung der Gerechtfertigten) nicht etwa den Gründen und Ursprüngen des irdischen Staates gegenüber die unendlich viel bessere, die eigentliche und allein wirkliche Quelle und Norm gerade alles menschlichen Rechtes auch in diesem Äon gesehen haben? Der Wunsch oder Ratschlag des Paulus 1. Kor. 6, 1–6, der ja deutlich auf so etwas wie eine eigene Gerichtsbarkeit in der Gemeinde hinzielt und in welchem jene Umkehrung offenbar sichtbar wird, wäre ohne diese Sicht der Dinge nicht verständlich.

Es ist wesentlich, daß es zu dieser Andeutung – man möchte fast sagen: zu dieser Prophetie – kommen muß: daß die Predigt der Rechtfertigung als Predigt vom Reiche Gottes schon jetzt und hier das wahre Recht, den wahren Staat, begründet. Es ist aber ebenso wesentlich, daß es bei dieser Andeutung oder Prophetie als solcher bleibt, daß die Kirche auf/Erden nicht etwa dazu übergeht, sich selbst als solche mit den Prädikaten des himmlischen Staates auszustatten und sich so dem irdischen Staat konkret als der wahre Staat gegenüberzustellen bzw. überzuordnen. Daß sie das tun könne und solle, kann die Meinung auch von Eph. 2 und 1. Kor. 6 darum nicht sein, weil der himmlische Staat für das Neue Testament streng und exklusiv der *himmlische*, der nicht von Menschen, sondern von Gott aufgerichtete Staat ist und bleibt, der als solcher keiner Verwirklichung innerhalb dieses Äons, auch nicht in der Kirche, fähig ist. Es war die Anschauung einer späteren Zeit, aus der heraus *Clemens Alexandrinus*[27] die vom Logos gelenkte Kirche als uneroberte, von keiner Willkür unterjochte, ja mit dem «Willen Gottes auf Erden wie im Himmel» identische irdische Stadt feiern und aus der heraus *Augustin*[28] den stolzen Satz schreiben konnte: Vera iustitia non est nisi in ea republica, cuius conditor rectorque Christus est. Es dürfte dem gegenüber kein Zufall sein, daß etwa der Verfasser des Hebräerbriefs oder der des 1. Petrusbriefs es unterlassen haben, die in dieser Zeit und Welt heimatlosen Christen damit zu trösten, daß sie

---

[27] Strom. IV 171, 2.
[28] De civ. Dei II 21.

immerhin in der Kirche eine Heimat jetzt und hier schon hätten. Es bleibt vielmehr dabei, daß sie hier *keine* bleibende Stadt haben und daß die irdische Kirche dem irdischen Staat als παροικία und nicht als ein Staat im Staate oder gar als Staat über dem Staat gegenübersteht, wie es später der Anspruch der römischen Papstkirche, aber auch der aller grober und feiner Schwärmereien geworden ist.

Aber – und das haben wir zunächst aus Eph. 2 und 1. Kor. 6 zu lernen – eben diese παροικία als solche wartet offenbar nicht beziehungslos, nicht umsonst auf die künftige Polis, denn was geschieht in dieser παροικία? Wir dürfen (ein wenig vereinfachend, aber sicher nicht fälschend) antworten: hier geschieht die Predigt von der Rechtfertigung und in ihr bestätigt diese παροικία ihre Hoffnung auf die künftige Polis. In ihr – d. h. in der Verkündigung, daß Gott sich des sündigen Menschen in der Person des Messias Jesus aus lauter Gnade ein für allemal angenommen, seine Sünde und seinen Tod zu seiner eigenen / Sache gemacht und damit diesen Menschen nicht nur freigesprochen, sondern für das ihm verlorene Leben freigemacht hat für Zeit und Ewigkeit. Was die παροικία glaubt, ist schlechterdings nur die Wirklichkeit dieses Sachverhaltes. Und was sie hofft, ist schlechterdings nur die Enthüllung dieses wirklichen, aber jetzt und hier noch verborgenen Sachverhaltes. Man bemerke: nicht etwa der Mensch oder die Menschheit, sondern das Lamm, der Messias Jesus ist der Mann, für den jene Braut, die himmlische Polis, gerüstet und geschmückt ist. Er, seine Gegenwart, und zwar eben seine Gegenwart als die des erwürgten Lammes, macht sie zu dem, was sie ist: zu der Stadt des ewigen Rechtes. *Sein* Recht – wir befinden uns hier ganz anderswo als in jener «eigentlichen» (κυρίως) Polis der Stoiker, auf die sich Clem. Alex. an jener Stelle bezieht – das in seinem Tod erworbene und in seiner Auferstehung proklamierte Recht *Jesu Christi* ist dieses ewige Recht. Und dieses ewige Recht Jesu Christi ist der Inhalt der Rechtfertigungsbotschaft, die jetzt und hier die Aufgabe der Kirche ist. Die Kirche kann die Enthüllung dieses ewigen Rechtes nicht vollziehen, weder an ihren eigenen Gliedern, noch an der Welt. Sie kann die «Hochzeit des Lammes» (Apc. 19, 7) nicht vorwegnehmen, nicht in diesem Äon feiern wollen. Sie kann und soll sie aber ankündigen.

Und sie kann und soll sie – damit kommen wir weiter, wirklich auch der *Welt* verkündigen. Es lohnt sich, darauf zu achten, daß gerade in allen direkt mit unserem Problem beschäftigten Epistelstellen ein ganz eigentümliches und auf den ersten Blick auch immer etwas befremdliches Fensteraufreißen nach dieser Seite stattfindet, sofern das in ihnen von den Christen geforderte Verhalten zum Staat überall in den Zusammenhang ihres Verhaltens zu *allen* Menschen gerückt wird. «Leistet *Allen*, was ihr ihnen schuldig seid!... Bleibt *niemandem* etwas schuldig – außer (dem, was ihr wesensmäßig nur in der Gemeinde selbst erfüllen könnt) der gegenseitigen Liebe!» (Röm. 13, 7–8). Sie sollen «Bitten, Gebete, Fürbitten und Danksagungen darbringen für *alle* Menschen» lesen wir 1. Tim. 2, 1 *vor* – und: «Erweiset Sanftmut gegen *alle* Menschen» lesen wir Tit. 3, 2 *hinter* dem Wort über die Obrigkeit. Endlich ist 1. Petr. 2, 13 wiederum zunächst von der πᾶσα ἀνϑρωπίνη κτίσις die Rede und nachher v 17, wieder in / die Weite gehend (auch hier von dem ἀγαπᾶτε ἀδελφότητα deutlich unterschieden): πάντας τιμήσατε. Was bedeutet das? Das bedeutet nach dem, wie mir scheint, unzweideutigen Zusammenhang 1. Tim. 1–7 folgendes: Wir haben darum wie für alle Menschen, so insbesondere für die Könige und alle in obrigkeitlicher Stellung Befindlichen zu beten, weil wir nur unter der Voraussetzung, daß es solche gibt, «ein ruhiges und stilles Leben führen können in aller Frömmigkeit und Ehrbarkeit». Warum ist es nötig, daß wir ein solches Leben führen können? Ist es richtig[29], an dieser Stelle das Wort «bürgerlich» einzuschalten und also die Christen letztlich um die Erhaltung irgend eines Weide-Glücks beten zu lassen? Die Fortsetzung lautet doch ganz klar: «denn dies – offenbar die Möglichkeit dieses «unseres ruhigen und stillen Lebens» – ist gut und angenehm vor Gott, unserem Erretter, der will, daß *alle* Menschen gerettet werden und zur Erkenntnis der Wahrheit kommen. Denn es ist *ein* Gott, es ist auch *ein* Mittler zwischen Gott und den Menschen, der Mensch Christus Jesus, der sich selbst als Lösegeld für *Alle* gegeben hat und das Zeugnis für bestimmte Zeiten, für die ich als Herold und Apostel bestimmt bin». Also: das «ruhige und stille Leben» unter dem Regiment des Staates, um deswillen nach dieser Stelle für die Staatsmänner gebetet werden soll, ist gerade kein Selbstzweck, wie die Existenz der Gemeinde in ihrer Unterscheidung von allen anderen Menschen überhaupt kein Selbstzweck sein kann. Es ist der Herold und Apostel, der jenes «ruhigen und stillen Lebens» bedarf, und nicht im Dienst eines allgemeinen Schöpfer- und Erhaltergottes steht dieser Apostel und stehen mit ihm die, mit denen er sich hier zusammenschließt, sondern er wie sie im Dienst des ϑεὸς σωτήρ, der will, daß alle Menschen gerettet werden und zur Erkenntnis der Wahrheit kommen, der der eine Gott ist in dem einen Mittler, der sich für Alle dahingegeben. Wozu bedarf die Gemeinde eines «ruhigen und stillen Lebens»? Sie bedarf seiner, weil sie in ihrer Weise und an ihrem Ort ebenfalls κῆρυξ καὶ ἀπόστολος für Alle und weil sie zur Ausübung dieser ihrer wesensmäßig alle Menschen

---

[29] Mit *H. Schlier*, Die Beurteilung des Staates, a. a. O. S. 325.

angehenden Funktion des Raumes, der Freiheit im Bereich aller Men / schen bedarf. Diese Freiheit kann ihr aber nur garantiert werden durch die Existenz der das Zusammenleben aller Menschen ordnenden irdischen Polis. Wird die Unterwerfung unter die bürgerliche Rechtsordnung nicht auch 1. Petr. 2, 15 f. damit begründet: es sei der Wille Gottes, daß die Christen als die von Rechts wegen als ἀγαθοποιοῦντες Anerkannten die Unwissenheit der törichten Menschen zum Schweigen zu bringen hätten: – als Freie, die doch aus dieser ihnen durch die Polis garantierten Freiheit nicht einen Vorwand zur κακία, d. h. zum Rückfall in die Linien dieses Äons machen werden, sondern in dieser Freiheit als Diener Gottes? Weil dem so ist, daß diese Freiheit der ἐκκλησία nur durch die Polis garantiert werden kann, darum kann es nun wieder nicht anders sein, als daß die Gemeinde ihrerseits durch ihr Gebet die Existenz der irdischen Polis garantieren muß. Daß diese gegenseitige Garantie grundsätzlich nur eine vorläufige sein, d. h. daß sie sich ihrem Wesen gemäß nur auf diese Zeit und Welt erstrecken, daß der Staat der Kirche die von ihr geforderte Garantie nur mangelhaft leisten oder auch überhaupt verweigern, daß endlich die Kirche irgend eine Garantie hinsichtlich der Geltung und Wirkung ihrer Botschaft vom Staate nicht verlangen kann noch darf, das Alles ändert nichts daran, daß die Kirche diese *beschränkte* Garantie vom Staate allen Ernstes erwartet und nichts daran, daß die dem Staate von der Kirche gebotene Garantie eine schlechterdings *ernsthafte* ist und darum auch ihren Gliedern nicht ernst genug ans Herz gelegt werden kann. Das Gebet für die Träger der Staatsgewalt gehört zum eisernen Bestand ihrer eigenen Existenz. Sie wäre nicht Kirche, wenn sie an dieser apostolischen Mahnung vorüberginge. Sie müßte dann vergessen haben, daß sie die *allen* Menschen verheißende Rechtfertigung zu verkündigen hat.
In der 1. Tim. 2 gewiesenen Richtung, d. h. in der Richtung auf diese gegenseitige Garantie, ist aber bestimmt auch die Loyalitätsforderung der anderen hierher gehörigen Epistelstellen zu verstehen. Tit. 3, 1–8 wird sie, erstaunlich genug, mit der Wiedergeburt durch die Taufe und den Heiligen Geist in Zusammenhang gebracht. Das ist dann nicht erstaunlich, wenn die nach v 2 durch die Gnade Jesu Christi Gerechtgesprochenen und künftigen Erben des ewigen Lebens das Alles nicht für sich, / sondern in der Kirche und als Glieder der Kirche für *alle* Menschen haben, und also nicht für sich, wohl aber für das Wort der Kirche Freiheit und also menschliches Recht nötig und also dessen Träger und Vertreter zu respektieren haben. Und lesen wir Röm. 13, 3–4 und 1. Petr. 2, 14, es sei der Obrigkeit darum Gehorsam zu leisten, weil es ihr Amt sei, die Guten zu belohnen, die Bösen zu bestra-

fen, so scheint es mir eine im Context beider Briefe ganz unmögliche Auslegung, die Verfasser allgemein und neutral von einem unter die staatliche Justiz fallenden allgemeinen und neutralen Guten und Bösen reden zu lassen. Warum sollten nicht beide Verfasser nach dem Gebrauch, den sie sonst von diesen Begriffen machen, die Christen aufgefordert haben, das gute Werk ihres Glaubens zu tun, in dessen Verrichtung sie im Unterschied zu den κακὸν ποιοῦντες die Staatsgewalt auf keinen Fall zu fürchten haben, in dessen Verrichtung sie vielmehr von diesem Ehre empfangen werden? Warum sollen nicht beide Verfasser zunächst an jene dem Pilatus so klar zugesprochene ἐξουσία, Jesus freizulassen oder zu kreuzigen gedacht, warum sollen sie die Christen nicht hinsichtlich des Staates zunächst auf dessen bessere, d. h. eigentliche Möglichkeit, auf die Möglichkeit des von ihm den «Guten», d. h. der Kirche gewährten Rechtsschutzes (auf die Möglichkeit eines «Konkordates»!) hingewiesen und sie im Blick auf diese Möglichkeit zu jener Unterordnung aufgefordert haben? Daß der Staat faktisch von der anderen Möglichkeit Gebrauch machen, daß er faktisch die Bösen ehren, die Guten strafen könnte, das mag sein, das kann aber an seiner Sendung und damit an der Begründung des christlichen Verhaltens ihm gegenüber und damit an diesem selbst nichts ändern. Wenn überhaupt, so wird er eben durch das trotzdem bewährte christliche Verhalten zu seiner Sendung und damit zu seiner eigenen echten Möglichkeit zurückgerufen werden. Und er wird, auch wenn es dazu nicht oder noch nicht kommt, auch im Gebrauch jener anderen Möglichkeit seiner göttlichen Einsetzung dennoch Genüge leisten, die Kirche erst recht, wenn auch ganz anders, garantieren müssen! Die ihr vom Staat erwiesene Ehre wird dann in dem im 1. Petrusbrief geschilderten Leiden in der Nachfolge Christi – und die Strafe der κακοί wird dann darin bestehen, daß ihnen / die Herrlichkeit dieses Leidens vorenthalten wird. Der Staat wird also so oder so der göttlichen Rechtfertigung dienen müssen.

Es ist ohne weiteres deutlich, daß die Kirche in und mit dieser starken Beziehung ihrer Existenz zu der des Staates nicht selber Staat und daß umgekehrt der Staat nicht selber Kirche werden kann. Auch die Kirche wendet sich zwar höchst grundsätzlich an alle Menschen; sie tut es aber mit dem Wort ihrer Verkündigung und sie ruft zum Glauben; sie sammelt sie also in Form von freien Entscheidungen, hinter denen Gottes noch ganz anders freies Erwählen steht und sie wird in diesem Äon niemals damit rechnen, alle Menschen in sich versammelt zu haben. Sie muß es vertrauensvoll ihrem Gott überlassen, so oder so dennoch der eine Gott aller Menschen zu sein. Der Staat aber hat immer schon alle in seinem Bereich lebenden Menschen in sich versammelt und hält

sie als solche zusammen durch seine mit Gewalt aufgerichtete und aufrecht erhaltene Ordnung. Der Staat als Staat weiß nichts von Geist, nichts von Liebe, nichts von Vergebung. Der Staat trägt das Schwert und er trägt es gerade in jenem Röm. 13 vorgesehenen besten Fall nicht umsonst. Auch er muß es wohl Gott überlassen, wie den Menschen auch noch anders als eben durch das durch die Gewalt bestätigte Recht geholfen werden könnte. Er müßte sich selbst aufgeben, wenn er Kirche werden wollte und die Kirche kann es um ihrer selbst, nein, um ihres Auftrages willen, nicht wünschen, daß er aufhörte, der Staat zu sein. Er kann ja gar nicht wahre Kirche werden. Er könnte, wenn er das Wahnsinnige wagte, nur eine Götzenkirche werden. Und erst recht müßte die Kirche sich selbst aufgeben, wollte sie Staat werden und also durch Gewalt Recht setzen, wo es ihre Aufgabe ist, die Rechtfertigung zu verkündigen. Sie könnte nicht wahrer Staat, sie könnte nur Pfaffenstaat werden, mit bösem Gewissen wegen ihrer vernachlässigten Aufgabe, untüchtig dazu, auf dem ihr fremden Boden Allen gerecht zu werden, wie es des Staates Sache sein muß.
Dieses Verhältnis schließt nun aber nicht aus, sondern ein, daß das *Problem* der Polis, nämlich das Problem des *Rechtes* sich auch auf dem Boden der irdischen ἐκκλησία stellt und beantwortet sein will. Jene Wendungen in Eph. 2 sind keine leeren Floskeln, sondern beziehen sich konkret darauf, daß es in / der Kirche selbst – jene starke Beziehung, in der sie zum irdischen Staate steht, macht sich jetzt geltend – *auch so etwas* (ich wähle absichtlich einen unbestimmten Ausdruck, weil es der Sache entspricht) wie eine πολιτεία gibt und geben muß: Ämter und Ordnungen, Arbeitsteilungen und Gemeinschaftsformen. *Kirchenrecht* nennt man diese Sache und es war bekanntlich *Rud. Sohm*, der in dem Entstehen von Kirchenrecht, das nach ihm erst im 2. Jahrhundert stattgefunden hätte, den großen Sündenfall der alten Kirche gesehen hat. Aber die vom freien Geist heute so und morgen so, hier so und dort so bewegte christliche Gemeinde des 1. Jahrhunderts, wie Sohm sie sich vorstellte, hat wirklich nie existiert. *Einen* kirchlichen Grundsatz würde man jedenfalls nur zugleich mit der Auferstehung Christi und damit mit der Mitte des ganzen Neuen Testamentes in Abrede stellen können: die Autorität des Apostolates, und aus diesem einen ergaben sich von Anfang an viele, in Freiheit gewiß, aber in der Freiheit des Wortes Gottes und nicht in irgend einer anderen Freiheit. Das Wort des Paulus (1. Kor. 14, 33) von dem Gott, der kein Gott der Unordnung, sondern des Friedens ist und überhaupt der Zusammenhang 1. Kor. 12–14 dürfte hier bezeichnend sein. Wie könnte die Kirche vom Staate Recht erwarten und sich zugleich dem Rechte selber verschließen? Wie sollte und wie soll sie der ihr aufgetragenen Lehre leben und

sich der Sorge für die die Lehre schützende Ordnung in ihrem eigenen Raume etwa entschlagen können? Mehr als «auch so etwas» wie eine πολιτεία, nämlich eine mit der für den Staat bezeichnenden Zwangsmitteln arbeitende Rechtsgemeinschaft, ist die Kirche der ersten Zeit freilich nicht gewesen und hat sie später nur zu ihrem Unheil werden können. Kirchliche Autorität ist geistliche, d. h. mit dem Zeugnis des Heiligen Geistes rechnende Autorität. Ist sie darum weniger strenge, ist sie nicht gerade so die strengste Autorität? Gab es jemals eine zwingendere Rechtsordnung als die, die wir in den Briefen der Apostel vorausgesetzt und gehandhabt sehen?

Aber die andere Seite der Sache ist in unserem Zusammenhang noch bemerkenswerter: Das so gegensätzliche Verhältnis von Kirche und Staat schließt nun doch auch das nicht aus sondern ein, daß das Neue Testament, wenn man genau zusieht, die Ordnung des Staates und ihre Respektierung keineswegs als / eine das Leben der christlichen Gemeinde nur von außen berührende Frage, sondern *irgendwie* (ich wähle wieder absichtlich den unbestimmten Ausdruck) als die Frage einer Art da draußen in der Welt aufgerichteten Annexes und Außenpostens des christlichen Gemeindelebens selbst behandelt und insofern gewissermaßen in die Ordnung der Gemeinde als solcher einbezogen hat. Der gewissen notwendigen Politisierung der Kirche selbst entspricht ebenso notwendig eine gewisse Verkirchlichung, in der von der Kirche aus der Staat gesehen, gewürdigt und angeredet wird. Es gab wohl zu allen Zeiten Formen gerade eines Staatskirchentums, die wenigstens in dieser Hinsicht von dem neutestamentlichen Bild der Dinge viel weniger weit entfernt waren als es auf den ersten Blick erscheinen möchte. Man beachte, wie die Mahnung bezüglich des Staates Röm. 13 wirklich schon im Zusammenhang gesehen unmöglich eine naturrechtliche Sonderbelehrung sein kann, weil sie förmlich eingebettet ist in eine Reihe von Zusprüchen, die alle die christliche Existenz als solche zur Voraussetzung und zum Ziel haben. Sie steht im 1. Timotheusbrief an der Spitze einer Reihe von Mahnungen, die sich auf das Verhalten von Mann und Frau im Gottesdienst, auf das Bischofsamt, auf das Diakonenamt beziehen. Sie steht im Titusbrief am Ende und im 1. Petrusbrief wieder am Anfang einer ähnlichen Reihe. Das für den Imperativ dieser Mahnung so bezeichnende Verbum ὑποτάσσεσθαι (Röm. 13, 1; Tit. 3, 1; 1. Petr. 2, 13) ist nicht nur dasselbe, das Tit. 2,9; 1. Petr. 2, 18 auf das Verhalten der christlichen Sklaven gegenüber ihren Herren, sondern das Kol. 3, 18; Eph. 5, 22; Tit. 2, 5; 1. Petr. 3, 1, 5 auch auf das der Frauen gegen die Männer, das 1. Petr. 5, 5 auf das der Jüngeren gegen die Ältesten in der Gemeinde, das Eph. 5, 21; 1. Petr. 5, 5 (?) auf das der Christen untereinander im allgemeinen angewendet wird. Wie kommen die ἐξουσίαι ὑπερεχούσαι, die ἄρχοντες, wie kommen der βασιλεύς und seine ἡγεμόνες in diese Gesellschaft? Folgt daraus, daß sie sich in dieser Gesellschaft befinden, nicht deutlich, daß wir uns im Zug einer spezifisch *christlichen* Mahnung befinden, daß die Obrigkeit und die Stellung zu ihr auf einmal gewissermaßen hereingenommen ist in den Zug der Ordnungen, in denen die Christen ihre ὑποταγή Gott und zwar dem in Jesus Christus offenbaren Gott gegenüber zu betätigen haben? Und was soll man eigent / lich dazu sagen, daß die staatliche ἐξουσία Röm. 13, 4 als θεοῦ διάκονος und Röm. 13, 6 die Staatsbeamten mit ihren verschiedenen Forderungen an das Publikum als λειτουργοὶ θεοῦ[30] bezeichnet werden? Wie kommen sie zu diesen sakralen Namen? Daß sie «irgendwie» tatsächlich in der sakralen Ordnung stehen, nicht als membra praecipua, wie man später viel zu servil sagte, wohl aber als ministri extraordinarii *ecclesiae*, das scheint mir deutlich zu sein.

Das von der himmlischen Polis auf die irdische Ecclesia *herab*fallende reflektiert sich in einem von der irdischen Ecclesia auf die irdische Polis *hinüber*fallenden Licht in der beschriebenen, zwischen beiden stattfindenden Wechselbeziehung. Wenn die Frage, wie diese Wechselbeziehung zu erklären ist, durch 1. Tim. 2 im Zusammenhang mit Apc. 21 nicht tatsächlich erklärt sein sollte, dann müßte eben eine bessere Erklärung gesucht werden. Das Phänomen als solches kann nicht gut in Abrede gestellt werden.

---

[30] Röm. 15, 16 hat Paulus sich selbst als λειτουργὸν Ἰησοῦ Χριστοῦ εἰς τὰ ἔθνη bezeichnet, Phil. 2. 25 seinen Mitarbeiter Epaphroditus; Hebr. 1, 2 tragen die Engel Gottes diesen Namen und Hebr. 8, 2 Christus selber!

4. Die Leistung der Kirche für den Staat

Überblickt man die im Neuen Testament an die Christen gerichteten Mahnungen hinsichtlich ihres Verhältnisses zum Staate, so ist es gewiß berechtigt, die 1. Tim. 2, 1 ausgesprochene Mahnung zur *Fürbitte* als die intimste und als die alle anderen zugleich umfassende und radikalisierende in den Mittelpunkt zu stellen. Man muß dabei nur beachten, wie umfassend diese besondere Mahnung schon als solche ist. Dazu werden ja die Christen aufgefordert, «Bitten, Anbetungen, Fürbitten und Danksagungen» darzubringen für alle Menschen und im besonderen für die Könige und alle, die in behördlicher Stellung sind. Sagt die Stelle eigentlich weniger als dies: daß die Kirche nicht nur beiläufig, nicht nur in einer ihrer Funktionen neben anderen, sondern in dem ganzen Tun, in welchem sie als Kirche existiert, wie für alle Menschen, so im besonderen für die Träger des Staates vor Gott einzustehen hat? Einzustehen, d. h. / aber – denn das besagt doch das ὑπέρ – an ihrer Stelle die Anrufung Gottes zu vollziehen, die sie nicht selber vollziehen können, wohl auch nicht vollziehen wollen und die doch vollzogen werden muß, weil sie ihre der Kirche so heilsame und um der Predigt der Rechtfertigung willen für alle Menschen so unentbehrliche ἐξουσία nur von Gott her haben und erhalten kann. Weit entfernt davon, daß der Staat Gegenstand der Anbetung werden könnte, ist er, sind seine Vertreter und Träger vielmehr dessen bedürftig, daß für sie gebetet wird. Daß dies geschieht, das ist, grundsätzlich und umfassend gesagt, die Leistung der Kirche für den Staat. Könnte sie ihn deutlicher an seine Schranken und könnte sie sich selber deutlicher an ihre Freiheit ihm gegenüber erinnern, als indem sie *so* für ihn einsteht? Dieses Einstehen der Kirche für den Staat soll aber offenbar geschehen ohne danach zu fragen, ob der vom Staat der Kirche zu leistende Gegendienst tatsächlich geleistet wird. Und erst recht ohne danach zu fragen, ob die Träger des Staates dessen im Einzelnen würdig sind. Wie könnte schon danach gefragt werden, wenn es sich um diese Leistung handelt? Gerade sie würde offenbar umso nötiger, je negativer jene Frage beantwortet werden müßte. Wie ja überhaupt, was Rechtfertigung ist, umso deutlicher wird, je mehr der ihrer teilhaftige Mensch als ein ernstlicher, wirklicher Sünder vor Gott und den Menschen sichtbar wird. Also: der den Christen aufgetragene Priesterdienst kann auch durch die fatalste Beantwortung jener Frage nicht aufgehalten sondern nur beschleunigt, es kann die Verantwortlichkeit der Kirche für den Staat auch dadurch, daß dieser vielleicht der brutalste Unrechtsstaat ist, nicht vermindert, sondern nur vermehrt werden.

Es hätte dem Verständnis des «Seid untertan...!» Röm. 13, 1 und Par. gewiß gedient, wenn man nicht so oft wie gebannt in abstracto gerade auf diese Mahnung gestarrt, sondern beachtet hätte, in welchen Zusammenhang sie durch jene wesensgemäß übergeordnete erste Mahnung gerückt ist. Kann dieses «Untertansein» grundsätzlich etwas Anderes bezeichnen als die jener priesterlichen Stellung der Gemeinde als solcher entsprechende praktische Haltung ihrer Glieder? Ὑποτάσσεσθαί τινι heißt ja auch gar nicht direkt und absolut «jemandem untertan sein» sondern: jemanden in seiner ihm zukommenden Stellung respek/tieren. Es handelt sich um ein Untertansein, das durch den Rahmen, in dem es stattfindet, nämlich durch eine bestimmte τάξις zugleich bestimmt und begrenzt ist. Die τάξις ist aber in diesem Fall wie in den anderen, in denen das Verbum vorkommt, nicht etwa durch die betreffenden Respektspersonen selbst aufgerichtet, sondern beruht nach v 2 auf der διαταγή τοῦ θεοῦ, der ordinatio Dei. Auf Grund und im Sinn dieser göttlichen Anordnung also sind jene zu respektieren. In was Anderem kann aber der anordnungsmäßige Respekt vor den staatlichen Respektspersonen bestehen als darin, daß die Christen sich ihnen gegenüber in die Stellung von solchen begeben, die unter allen Umständen das Beste, nämlich das Recht und das heißt den Schutz der Predigt von der Rechtfertigung von ihnen erwarten, die aber u. U. auch bereit sind, diese Predigt ihrerseits damit zu vollstrecken, daß sie von jenen statt Recht zu empfangen Unrecht leiden, die also so oder so ihre ihnen von Gott gegebene, bzw. sie selbst als von Gott eingesetzte ἐξουσία anerkennen werden? Würden sie das nicht tun, würden sie sich dieser διαταγή widersetzen und also der Staatsgewalt jenen durch die göttliche Anordnung bestimmten und begrenzten Respekt verweigern, dann würden sie sich eben damit nach v 2 Gott selbst widersetzen und es müßte ihnen dann ihre Existenz im Bereich der Staatsgewalt zum Gericht werden. Nicht rechnend mit jenem positiven göttlichen Auftrag des Staates und nicht bereit, wenn es sein muß, auch Unrecht von ihm zu erleiden, würden sie eo ipso zu jenen κακοί gehören, die seine Gewalt fürchten müssen, denen er mit seinem Schwert mit der ihm verliehenen Zwangsgewalt offen oder heimlich – «die Macht als solche ist böse» – nur Vollstrecker des göttlichen Zorngerichts, nur der fürchterliche Exponent der Verlorenheit dieses Äons sein könnte (v 4-5).

Aber eben: diese Röm. 13 gebotene Respektierung der Staatsgewalt wird sich ja von jener priesterlichen Funktion der Kirche ihm gegenüber theoretisch und praktisch gar nicht lösen lassen. In einer abstrakten und absoluten Fügsamkeit gegenüber den Absichten und Unternehmungen der Staatsgewalt kann sie unmöglich bestehen. Nur schon darum nicht, weil nicht nur nach der Apokalypse sondern auch nach Paulus damit zu rechnen ist, daß die Staatsgewalt ihrerseits sich der Widersetzlichkeit ge / gen den Herrn aller Herren, gegen die göttliche Anordnung, der sie ihre Gewalt verdankt, schuldig machen könnte. Bleibt es auch dann bei dem Respekt ihr gegenüber, so wird die Fügsamkeit in diesem Fall nur noch eine passive und auch als solche doch nur eine beschränkte sein können. Das ὑποτάσσεσθαι kann auf keinen Fall bedeuten, daß die Kirche und ihre Glieder die Absichten und Unternehmungen der Staatsgewalt auch dann von sich aus bejahen und freiwillig fördern werden, wenn diese statt auf den Schutz auf die Unterdrückung der Predigt von der Rechtfertigung gerichtet sein sollte. Die Christen werden ihr auch dann nichts schuldig bleiben von dem, was ihr als der Verwalterin des öffentlichen Rechtes, als Ordnungsmacht unentbehrlich ist und zukommt: «Steuer, dem die Steuer, Zoll, dem der Zoll, Furcht, dem die Furcht, Ehre dem, dem (als Repräsentant und Träger der ἐξουσία) Ehre gebührt!» – auch dann, wenn er mit dieser ἐξουσία Mißbrauch treibt, bzw. wenn diese ἐξουσία in seinem Verhalten ihre dämonische Widersetzlichkeit gegen den Herrn aller Herren offenbar macht. Die Christen werden nach Matth. 22, 21 auch dann dem Kaiser geben, was des Kaisers ist, d. h. dasjenige, was ihm – nicht als dem guten oder schlechten Kaiser, sondern schlechthin als dem Kaiser – nun einmal zukommt: dasjenige Recht, das er auch dann hat, wenn er das Recht ins Unrecht verkehrt. Von Gott eingesetzte ἐξουσία ist und bleibt er ja, wie früher gezeigt, auch dann und so kann ihm dasjenige, was ihm daraufhin gebührt, auch dann nicht vorenthalten werden. Eben so unerbittlich muß es aber auch dabei bleiben, daß Christen Gott zu geben haben, was Gottes ist: ebenso unerbittlich dabei, daß die Kirche Kirche sein und bleiben muß. Das kann also das von den Christen verlangte ὑποτάσσεσθαι *nicht* bedeuten, daß sie sich auch die direkt oder indirekt gegen die Freiheit ihrer Verkündigung gerichteten Absichten und Unternehmungen der Staatsgewalt zu eigen machen, daß sie die Verantwortlichkeit dafür auch auf sich selbst nehmen könnten. Wohlverstanden: das ὑποτάσσεσθαι wird auch dann nicht aufhören. Aber eben *als ὑποτασσόμενοι*, eben im *Respekt* vor der Staatsgewalt werden sie dann, indem sie nicht aufhören, ihr gegenüber ihre Schuldigkeit zu erfüllen, nur ihre Opfer sein, in ihrem konkreten Wollen und Vollbringen aber sich nicht verantwortlich, gerade nicht «von Herzen» beteiligen / können und gerade *als ὑποτασσόμενοι* werden sie das nicht verbergen können, sondern – entscheidend damit, daß die Predigt von der Rechtfertigung unter allen Umständen weitergeht – öffentlich zum Ausdruck bringen müssen. Nicht *gegen* den Staat, sondern als Leistung der Kirche *für* den Staat wird auch das geschehen! Ist doch ihr Respekt vor der Staatsgewalt ein Annex der priesterlichen Funktion, in der sie ihm gegenüberstehen. Würden sie doch gerade das Entscheidende, das sie für den Staat tun können und müssen, unterlassen, wenn es unter ihnen zu einer aktiven Fügsamkeit, zu einer Bejahung gegenüber dem direkt oder indirekt auf die Unterdrückung der Freiheit des Wortes Gottes gerichteten Wollen und Tun der Staatsgewalt kommen würde. Denn mit der Freiheit des Wortes Gottes steht und fällt auch die Möglichkeit der Fürbitte für die Staatsgewalt. Dann würden sie objektiv und faktisch zu Staatsfeinden, wenn sie sich einer jene Freiheit bedrohenden Staatsgewalt gegenüber etwa *nicht* in jenen Abstand begeben oder wenn sie ihr diesen ihren Abstand – einen höchst gelassenen, höchst überlegenen, höchst warnenden Abstand! – verbergen würden. Dann wäre Jesus objektiv und faktisch ein Staatsfeind gewesen, wenn er es etwa *nicht* gewagt hätte, seinen Landesherrn Herodes gelegentlich in aller Ruhe einen «Fuchs» zu nennen (Luk. 13, 32). Gerade der auf verkehrten Weg geratenen Staatsgewalt gegenüber kann die Anordnung Gottes, der sie ihre Existenz verdankt und damit sie selber nicht besser geehrt werden als durch diese, die *kritische* Form des ihr unter allen Umständen zu leistenden Respektes. Was kann denn für eine solche Staatsgewalt überhaupt geleistet werden, als die Fürbitte? Und wer kann Fürbitte für sie leisten als die Christen? Und wie können die Christen sie leisten, wenn sie etwa die Verkehrtheit der Staatsgewalt bejahend, zu Verrätern an ihrer eigenen Sache geworden sein sollten? Was für ein Respekt dem Staat gegenüber sollte das sein, was solchen Verrat bedeuten würde?

Wir haben nach dieser Erörterung des ὑποτάσσεσθαι von Röm. 13, 1 in seinem Zusammenhang mit 1. Tim. 2, 1 freie Bahn zu grundsätzlicher Einsicht in das Wesen der Leistung, die die Kirche als Organ der göttlichen Rechtfertigung dem Staate als dem Organ des menschlichen Rechtes schuldig ist, die der / Staat von ihr erwarten darf, und mit der sie dem Staate, wenn sie im Gehorsam steht, tatsächlich dienen wird. Wir hörten: es gibt eine wechselseitige Garantie zwischen diesen beiden Bereichen. Wir fragen jetzt: Welches ist die Garantie, die die Kirche dem Staate zu bieten hat?

Nach allem, was uns als konstitutiv für das Verhältnis der beiden Bereiche entgegengetreten ist, ist zunächst die Antwort zu geben: daß es außer der Kirche keine Stelle in der Welt gibt, in der ein grundsätzliches *Wissen* um die Berechtigung und Notwendigkeit des Staates vorhanden ist und zur Aussprache kommt. Von allen anderen Stellen aus kann der Staat und kann jeder einzelne Staat mit seiner Bemühung um menschliches Recht grundsätzlich problematisiert werden. Von der die göttliche Rechtfertigung allen Menschen verkündigenden Kirche her kann das nicht geschehen. Denn für die Kirche ist die Autorität des Staates eingeschlossen in die Autorität ihres Herrn Jesus Christus. Die Kirche lebt in der Erwartung des ewigen Staates und in dieser Erwartung ehrt sie auch den irdischen, erwartet sie immer wieder das Beste von ihm: daß er in seiner Weise, im Raum «aller Menschen» eben dem Herrn diene, den die Glaubenden jetzt schon als ihren Heiland lieben. Die Kirche erwartet vom Staate um der freien Predigt der Rechtfertigung willen, daß er Staat sei und also Recht schaffe und spreche. Die Kirche ehrt den Staat aber auch dann, wenn er diese Erwartung nicht erfüllt. Sie verteidigt dann den Staat gegen den Staat, sie repräsentiert dann, indem sie Gott gibt, was Gottes ist, indem sie Gott mehr gehorcht als den Menschen, mit ihrer Fürbitte die einzige Möglichkeit, den Staat wieder herzustellen und vor dem Untergang zu retten. Die Staaten mögen entstehen und vergehen, die politischen Konzeptionen mögen sich wandeln, die Politik als solche mag die Menschen interessieren oder nicht interessieren – *ein* Faktor aber muß immer wieder staatserhaltender, ja staatsbegründender Faktor sein, und das ist quer durch alle Entwicklungen und Wandlungen hindurch die christliche Kirche. Was wissen denn die Staatsmänner und Politiker selber von einer letzten Berechtigung und Notwendigkeit ihres Tuns? Wer oder was gibt ihnen die Gewißheit, daß dieses ihr Tun nicht als solches Eitelkeit ist, auch wenn sie es noch so ernst nehmen? Um nicht zu / reden von den Anderen, deren Verantwortung für die Polis und ihr Recht die Staatsmänner ja nur repräsentieren können und auf deren Mitarbeit sie doch so entscheidend angewiesen sind! Wie die göttliche Rechtfertigung *das* rechtliche Kontinuum ist, so ist die Kirche *das* politische Kontinuum. Und daß sie das ist, das ist ihre erste und grundlegende Leistung für den Staat. Sie braucht nur wirklich *Kirche* zu sein, dann ist sie es tatsächlich. Der Staat aber empfängt diese Leistung und lebt heimlich davon, ob er darum weiß und dafür dankbar ist oder nicht, ob er es so wahrhaben oder nicht wahrhaben will.

Wir betreten nur scheinbar eine niedere Sphäre, wenn wir zweitens unter nochmaligem Verweis auf Röm. 13, 5–7 daran erinnern, daß eben die Kirche von ihren Gliedern mit einem Nachdruck, wie er keiner anderen Instanz zu Gebote steht, die Erfüllung jener *Pflichten* verlangt, von deren Leistung noch nicht die Güte oder Schlechtigkeit eines Staates, wohl aber der Bestand jedes Staates als solchen abhängig ist. Daß Steuern und Zölle dem Staat wirklich gehören, daß seine Gesetze und ihre Vertreter als solche wirklich in Furcht und Ehrerbietung zu anerkennen sind, das kann vorbehaltlos und ernstlich bindend nur von der göttlichen Rechtfertigung des sündigen Menschen her gesagt werden, weil es von da aus allein gegen die Sophismen und Entschuldigungen des sich selbst rechtfertigenden und darum gerade vor dem Recht heimlich immer auf der Flucht begriffenen Menschen in Schutz genommen ist. Die Kirche weiß, daß der Staat gerade das wirkliche und eigentliche menschliche Recht, das ius unum et necessarium, nämlich das Freiheitsrecht der Rechtfertigungspredigt weder aufrichten noch schützen könnte, wenn ihm das, was ihm gebührt, damit er als Garant des Rechtes überhaupt bestehen kann, nicht geleistet wird, und darum fordert sie, daß ihm das unter allen Umständen geleistet werde.

Man würde nun freilich viel darum geben, wenn uns Röm. 13 und im übrigen Neuen Testament gleich etwas ausführlicher darüber Bescheid gegeben wäre, was unter diesen vom Christen erwarteten und von ihm zu erfüllenden politischen Pflichten im Einzelnen zu verstehen und nicht zu verstehen sei. Hier entstehen Fragen, deren Beantwortung wir nicht direkt, sondern nur indirekt: in einer sinnvollen Verlängerung der / dort gegebenen Antworten aus dem Neuen Testament ablesen können.

Könnte es z. B. Röm. 13, 7 auch heißen: τῷ τὸν ὅρκον τὸν ὅρκον? Gehört zu den selbstverständlich zu erfüllenden Pflichten auch eine von der Staatsgewalt vielleicht verlangte *Eides*leistung? Die Reformatoren haben die Frage bekanntlich bejaht und man möchte im Blick auf Matth. 5, 33 f. wohl wünschen, daß sie es wenigstens nicht ganz so unbedenklich getan hätten. Das ist, auch wenn man sie bejaht, sicher, daß ein staatlicher Eid dann (im Respekt vor dem Staat!) *nicht* geleistet werden kann, wenn er als Totalitätseid (d. h. als Verpflichtung auf einen Namen, der faktisch den Sinn und die Kraft eines Gottesmannes hat) eo ipso jene aktive Gefügsamkeit gegen die die Freiheit des Wortes Gottes bedrohende Staatsgewalt und damit für die Christen jenen Verrat der Kirche und ihres Herrn bedeutet.

Gehört auch der *Militärdienst* zu jenen selbstverständlich zu erfüllenden Pflichten? Die Reformatoren haben auch diese Frage bejaht und wieder möchte man wünschen, daß sie es etwas weniger munter getan hätten. Daß der Staat die mörderische Natur dieses Äons hat, das wird daran, daß er auch nach Röm. 13 das Schwert trägt, besonders sichtbar. Man wird doch in der Sache jedenfalls grundsätzlich nicht zu einem anderen Ergebnis kommen können als die Reformatoren. Menschliches Recht bedarf der Garantie durch menschliche Gewalt. Der Mensch wäre nicht der der göttlichen Rechtfertigung bedürftige Sünder, wenn es anders wäre. Der von außen oder von innen mit Gewalt bedrohte Staat wird sich wohl dazu rüsten müssen, Gewalt mit Gewalt abzutreiben, um fernerhin Staat sein zu können. Es müssen schon sehr gewichtige Mißtrauensgründe gegen ihn vorliegen, wenn der Christ berechtigt und berufen sein sollte, ihm dabei seinen Dienst zu verweigern — wenn gar die Kirche als solche berechtigt und berufen sein sollte, an dieser Stelle Nein zu sagen. Ein grundsätzliches christliches Nein kann es hier unmöglich geben, weil es das grundsätzliche Nein zum irdischen Staat als solchem sein müßte, das als solches unmöglich christlich sein kann. Und ich möchte im Blick auf die schweizerische Landesverteidigung im Besonderen hinzufügen: hier und also für uns kann es bestimmt auch kein praktisches Nein geben. Man kann gegen die Art, wie der Staat sich in der Schweiz / als Rechtsstaat zu betätigen versucht, viele und schwere Bedenken haben und wird darum doch sinnvoller Weise nicht behaupten können, daß er der Kirche als das Tier aus dem Abgrund von Apc. 13 gegenüberstehe. Wohl aber kann und muß das heute von mehr als einem andern Staat gesagt werden, dem gegenüber unsere Rechtsordnung zu verteidigen der Mühe wert ist; und da dem so ist, ist es gerade heute auch christlich sinnvoll und recht, unsere Grenzen zu sichern, und wenn der Staat in der Schweiz dies tut, so ist nicht abzusehen, inwiefern die Kirche in der Schweiz sich dabei nicht in aller Bestimmtheit hinter ihn stellen sollte[30a].

Anders steht es mit der Frage, ob der Staat das Recht hat, zur Verstärkung seiner Macht seine Untertanen und Bürger in irgend einer Form *innerlich* für sich in Anspruch zu nehmen und also eine von ihm her bestimmte *Weltanschauung* oder doch weltanschauungsmäßige Sentiments und Ressentiments von ihnen zu fordern. Diese Frage ist vom Neuen Testament her rundweg zu verneinen. Forderungen dieser Art dürften in keiner Verlängerung der Linie von Röm. 13 möglich und also von Rechts wegen weder zu erheben noch zu beachten sein. Hier droht vielmehr in irgend einer Nähe oder Ferne das Tier aus dem Abgrund, während der rechte Staat gerade diesen Anspruch weder nötig hat noch auch erheben wird. Die Forderung der Liebe ist Röm. 13 deutlich genug von den Forderungen, deren Erfüllung wir dem Staate schuldig sind,

---

[30a] Es versteht sich von selbst, daß dasselbe auch von der Kirche in der Tschechoslowakei, in Holland, Dänemark, Skandinavien, Frankreich und vor allem England zu sagen ist.

abgehoben. Wenn der Staat anfängt, Liebe zu fordern, dann ist
er immer schon im Begriff, zur Kirche eines falschen Gottes und
damit zum Unrechtsstaat zu werden. Der Rechtsstaat braucht
keine Liebe, sondern nüchterne Taten einer entschlossenen Verantwortlichkeit. Eben diese sind es, die ihm durch die Kirche der
Rechtfertigung gewährleistet werden.

Viel beschwerlicher, weil grundsätzlicher, ist eine andere schein-
bare Lücke in der neutestamentlichen Belehrung. Sie besteht darin,
daß das Neue Testament konkret nur im Blick auf einen reinen
Obrigkeitsstaat und also von den Christen nur als von Untertanen, nicht aber als von für den Staat in ihrer eigenen / Person mit-
verantwortlichen Bürgern zu reden scheint. Politische Pflichterfüllung erschöpft sich aber für uns hoffentlich nicht im Steuer-
zahlen und in sonstiger passiver Gesetzmäßigkeit. Politische
Pflichterfüllung heißt für uns darüber hinaus: Verantwortliches
Wählen der Obrigkeit, verantwortliches Entscheiden über die gelten sollenden Gesetze, verantwortliches Achten auf ihre Durchführung, mit einem Wort aktives politisches Handeln, das dann
wohl auch politischen Kampf bedeuten kann und muß. Wenn die
Kirche dem modernen Staat nicht gerade diese Form politischer
Pflichterfüllung zu garantieren hätte, was hätte sie ihm, dem
«demokratischen» Staate, dann überhaupt zu bieten? Die Frage
muß nun offenbar gestellt werden, ob wir uns auch da in einer
legitimen Verlängerung der Linie von Röm. 13 bewegen? Man
wagt scheinbar viel, wenn man sie zu bejahen wagt. Sie muß aber
eindeutig bejaht werden. Alles kommt jetzt darauf an, ob es mit
jenem Zusammenhang des ὑποτάσσεσθαι von Röm. 13 mit der
Mahnung zur Fürbitte von 1. Tim. 2 seine Richtigkeit hat. Ist
nämlich das Gebet der Christen für den Staat das Maß und die
Norm des ὑποτάσσεσθαι und dieses ein Annex zu jenem, zu der
priesterlichen Funktion der Kirche, wird dieses Gebet ernst genommen als verantwortliches Eintreten der Christen für den Staat,
dann ist schon damit das die Stelle Röm. 13 scheinbar – aber offenbar doch nur scheinbar – beherrschende Schema eines rein pas-
siven Untertanenstandes der Christen durchbrochen. Dann fragt
es sich ernstlich, ob es ein Zufall ist, daß es gerade im Bereich der
christlichen Kirche im Laufe der Zeit gerade zu «demokratischen»,
d. h. auf der verantwortlichen Betätigung aller Bürger sich auf-
bauender Staaten gekommen ist[30b]. Kann ein ernsthaftes Gebet
auf die Länge ohne die entsprechende Arbeit bleiben? Kann man

---

[30b] Zu denen sinngemäß auch «Monarchien» wie die englische, hollän-
dische usw. zu rechnen sind! – Die Phrase von der gleichen Affinität
bzw. Nichtaffinität aller möglichen Staatsformen dem Evangelium
gegenüber ist nicht nur abgenützt, sondern falsch. Daß man in einer

Gott um etwas bitten, das man nicht in den Grenzen seiner Möglichkeiten herbeizuführen im selben / Augenblick entschlossen und bereit ist? Kann man also beten, daß der Staat uns erhalten, und zwar als Rechtsstaat erhalten bleiben oder zum Rechtsstaat wieder werden möchte, ohne sich in eigener Person, in eigener Besinnung und mit eigener Tat dafür einzusetzen, daß dies geschehe, ohne mit der Schottischen Konfession[31] den ernstlichen Willen zu haben und zu bekennen: vitae bonorum adesse, *tyrannidem opprimere*, ab infirmioribus vim improborum defendere, ohne also gegebenen Falles mit Zwingli[32] auch damit zu rechnen, daß solche Machthaber, die untrüwlich und usser der schnur Christi faren wurdind, «*mit Gott entsetzt*» werden müssen? Kann man der Staatsgewalt jenen schuldigen Respekt entgegenbringen, ohne ihre Sache mit *allen* diesen Konsequenzen zu seiner eigenen zu machen? Gerade im Blick auf den intimsten und zentralsten Gehalt der neutestamentlichen Mahnung würde ich also sagen, daß wir uns, wenn irgendwo, dann gerade in der Verlängerung der neutestamentlichen Linie im Sinne des «demokratischen» Staatsbegriffs auf dem Boden legitimer Auslegung befinden. Die Diastase zwischen Rechtfertigung und Recht, zwischen ἐκκλησία und πόλις, die Fremdlingschaft der Christen in diesem anderen Bereich wird da nicht aufgehoben, wohl aber wird da der ganze, unausweichliche Ernst der neutestamentlichen Weisung noch viel schärfer ins Licht gerückt, wo es klar ist, daß die Christen den irdischen Staat nicht nur erdulden, sondern *wollen* müssen, und daß sie ihn nicht als Pilatus-Staat, sondern nur als *Rechtsstaat* wollen können: daß es also ein äußeres Entfliehen aus jenem anderen, dem politischen Bereich, nicht gibt, daß sie, indem sie ganz in der Kirche, ganz auf die zukünftige Polis ausgerichtet sind, ebenso ganz in Schuld und Verantwortung auch der irdischen Polis verfallen und verpflichtet, ebenso ganz zum Arbeiten und (es sei denn!) zum Kampf wie zum Gebet für sie aufgerufen sind, daß für den Charakter des Staates als *Rechtsstaat* ein jeder von ihnen mit *haftbar* ist. Und gerade der «demokratische» Staat könnte ebensogut erkennen wie verkennen, daß er eine treuere, vollständigere Pflichterfüllung nirgendswoher erwarten kann als von den Genossen des ihm als Staat so fremden Bereichs der auf die göttliche Rechtfertigung begründete ἐκκλησία. /
Es bleibt uns hinsichtlich der dem Staat durch die Kirche zu ge-

---

Demokratie zur Hölle fahren und unter einer Pöbelherrschaft oder Diktatur selig werden kann, das ist wahr. Es ist aber nicht wahr, daß man als Christ ebenso ernstlich die Pöbelherrschaft oder die Diktatur bejahen, wollen, erstreben kann wie die Demokratie.

[31] Art. 14.
[32] Schlußreden, Art. 42.

benden Garantie noch ein letzter Kreis zu ziehen übrig. Wir erinnern uns, wie die neutestamentliche Mahnung gewissermaßen gipfelt in dem Hinweis darauf, daß die Christen letztlich und entscheidend durch ihr ἀγαθοποιεῖν dem Kaiser zu geben haben, was des Kaisers ist. Was heißt das aber, wenn wir unter diesem ἀγαθοποιεῖν nicht eine neutrale moralische Bravheit, sondern ihr im Glauben an Jesus Christus gelebtes Leben, das Leben der Kinder Gottes, das Leben der Kirche als solches, zu verstehen haben? Es heißt dann doch wohl, daß die entscheidende Leistung der Kirche für den Staat schlicht darin besteht, daß sie ihren Raum als Kirche behauptet und ausfüllt. Indem sie das tut, wird aufs Beste auch für den ganz anderen Raum des Staates gesorgt. Indem sie die göttliche Rechtfertigung verkündigt, wird aufs Beste auch der Aufrichtung und Erhaltung des menschlichen Rechtes gedient. Keine direkte Aktion, die sie, in wohlmeinendem Eifer selber halb oder ganz politisch handelnd, unternehmen und durchführen könnte, könnte auch nur von ferne mit der positiven Relevanz *derjenigen* Aktion verglichen werden, in der sie, ganz apolitisch, ganz ohne Eingriff in die staatlichen Belange, das kommende Königreich Christi und also die Rechtfertigung allein durch den Glauben verkündigt: die rechte schriftgemäße *Predigt* und *Unterweisung* und die rechte schriftgemäße Verwaltung der *Sakramente*. Indem sie diese Aktion vollzieht, ist sie es, die, im geschöpflichen Raum betrachtet, den Staat begründet und erhält. Der Staat wird, wenn er weise ist, im letzten Grund nichts als eben dies von ihr erwarten und verlangen, weil darin alles, was sie für ihn leisten kann, darin auch jene ganze umfassende politische Verpflichtung ihrer Glieder enthalten ist. – Und man kann und darf die Sache jetzt noch zugespitzter formulieren: Die Garantierung des Staates durch die Kirche geschieht entscheidend eben dadurch, daß die Kirche die Garantie des Staates für sich selber, d. h. seine Garantie der Freiheit ihrer Botschaft in Anspruch nimmt. Es mag merkwürdig klingen, aber es ist so: darin erschöpft sich das, was von der göttlichen Rechtfertigung aus zu der Frage und zu den Fragen des menschlichen Rechtes zu sagen ist: die Kirche muß die Freiheit haben, die göttliche Rechtfertigung zu verkündigen. Der Staat wird / in dem Maß seine eigentliche Möglichkeit verwirklichen und also Rechtsstaat sein, als er der Kirche diese Freiheit nicht nur positiv läßt, sondern aktiv gibt, d. h. in dem Maß, als er ehrlich und folgerichtig der Staat sein will, in dessen Raume – ob als Landeskirche oder Freikirche ist eine sekundäre Frage – die Kirche existiert, die diese Freiheit von rechtswegen hat. Wir wissen: der irdische Staat ist weder berufen noch fähig, das ewige Recht des himmlischen Jerusalem auf Erden aufzurichten, weil dazu überhaupt keine Menschenhand berufen und fähig ist. Er ist aber berufen und fähig, menschliches Recht aufzurichten. Und was menschliches Recht ist, das mißt sich nicht an irgend einem romantischen oder liberalen Naturrecht, sondern schlicht an dem konkreten Freiheitsrecht, das die Kirche für ihr Wort, sofern es das Wort Gottes ist, in Anspruch nehmen muß. Dieses Freiheitsrecht bedeutet die Begründung, die Erhaltung, die Wiederherstellung alles – wirklich alles Menschenrechtes. Man lasse es darauf ankommen, ob es mehr braucht als dies! Wo dieses Freiheitsrecht anerkannt ist und wo von der rechten Kirche der rechte Gebrauch davon gemacht wird, da gibt es – die freie Predigt von der Rechtfertigung wird dafür sorgen, daß die Dinge an ihren Ort zu stehen kommen – in gegenseitiger Bestimmung und Begrenzung legitime menschliche Autorität und ebenso legitime menschliche Selbstbestimmung, da fällt zu Boden die Tyrannei hier und die Anarchie dort, der Faschismus ebenso wie der Bolschewismus, da steigt auf die Ordnung der menschlichen Dinge, die Gerechtigkeit, die Weisheit und der Friede, die Billigkeit und die Fürsorge, die zu dieser Ordnung vonnöten sind. Nicht als der Himmel (nicht einmal als ein kleiner Himmel!) auf Erden! Nur so wie sie auf *Erden* und in dieser *Zeit* aufsteigen können, aber so, wie sie tatsächlich schon auf Erden und in dieser Zeit, in einer Welt der Sünde und der Sünder aufsteigen *können*. Kein ewiger, kein unversuchlicher, kein sündloser Salomo – es wird dafür gesorgt sein, daß er sich als das Gegenteil von dem allem immer wieder erweisen wird – aber immerhin Salomo, immerhin ein Abbild dessen, dessen Reich ein Reich des Friedens ohne Grenzen noch Ende sein wird. Das ist's, was die Kirche dem Staate anzubieten hat, indem sie ihrerseits nichts anderes als Freiheit von ihm haben will. Gerade damit redet sie ihn selbst auf seine beste, seine eigentliche / Möglichkeit an. Was kann er mehr verlangen und was kann ihm dienlicher sein als dies: so unerbittlich ernst genommen zu werden?

Wir kennen alle die Maxime Friedrichs des Großen: Suum cuique. Sie steht, was weniger bekannt ist, als Definition des menschlichen Rechts, als Zusammenfassung der Funktionen des rechten Staates schon in *Calvins* Institutio: ut suum cuique salvum sit et incolume[33]. Es beruht aber – und das hat Calvin nicht gesagt, das müssen wir erst wieder zu entdecken und zu lernen versuchen – auf der Rechtfertigung des sündigen Menschen in Jesus Christus und also auf der Ausrichtung der zentralen Botschaft der christ-

---

[33] Instit. IV 20, 3. Und es kann – darauf hat mich Dr. Arnold Ehrhard in Lörrach freundlich aufmerksam gemacht – kein Zweifel bestehen, daß Calvin hier seinerseits Ulpian bzw. Cicero zitiert hat, welcher laut De Leg. 16, 19 eine Vermutung kannte, nach der «lex» Graeco nomine (νόμος) a suum cuique tribuendo seinen Namen hätte.

lichen Kirche, daß eben dies in allen Dimensionen wahr und gültig werde in der großen Vorläufigkeit dieses Äons, in der großen Vorläufigkeit auch des Gegenübers von Kirche und Staat in der uns zwischen Jesu Christi Auferstehung und seiner Wiederkunft gelassenen Zeit der göttlichen Geduld:

Suum cuique.

CHRISTENGEMEINDE UND BÜRGERGEMEINDE*

I.

Wir verstehen unter «Christengemeinde» das, was man sonst als *«Kirche»*, unter «Bürgergemeinde» das, was man sonst als *«Staat»* bezeichnet. Die Verwendung des einen Begriffs «Gemeinde» zur Bezeichnung beider Größen mag zunächst gleich zum vornherein auf die zwischen den beiden bezeichneten Größen bestehende positive Beziehung und Verbindung hinweisen. In ähnlicher Absicht hat wohl einst Augustin bei Behandlung desselben Themas von der civitas coelestis und terrena, hat Zwingli von göttlicher und menschlicher Gerechtigkeit geredet. Darüber hinaus soll der doppelte Gebrauch des Begriffs «Gemeinde» zum vornherein darauf aufmerksam machen, daß wir es in «Kirche» und «Staat» nicht nur und nicht in erster Linie mit Institutionen und Ämtern, sondern mit Menschen zu tun haben, die zur Bearbeitung und im Dienst gemeinsamer Aufgaben in einem «gemeinen Wesen» zusammengefaßt sind. Die Interpretation des Wortes «Kirche» durch «Gemeinde» ist in den letzten Jahrzehnten mit Recht wieder bekannt und üblich geworden. Der dem Wort «Christengemeinde» gegenübergestellte Helvetizismus «Bürgergemeinde» – im schweizerischen Dorf tagen oft hintereinander im gleichen Lokal und in Personalunion der Mehrheit aller Beteiligten die Einwohner-, die Bürger- und die Kirchgemeinde – mag die Christen immerhin daran erinnern, daß es «Gemeinde» auch außerhalb ihres besonderen / Kreises gibt und immer gegeben hat: den Staat, die politische Gemeinde.

Die *«Christengemeinde»* (Kirche) ist das Gemeinwesen derjenigen Menschen eines Ortes, einer Gegend, eines Landes, die als «Christen» durch die Erkenntnis und zum Bekenntnis Jesu Christi aus den Übrigen im besonderen herausgerufen und vereinigt sind. Die Sache, der Sinn und Zweck dieser «Versammlung» (ekklesia) ist das gemeinsame Leben dieser Menschen in einem, dem Heiligen Geiste, d. h. im Gehorsam gegen das eine Wort Gottes in Jesus

---

* Über dieses Thema habe ich im vergangenen Sommer in Berlin, Göttingen, Papenburg, Godesberg und Stuttgart gesprochen. Der Vortrag erscheint hier in überarbeiteter und ergänzter Gestalt.

Christus, das sie alle schon gehört haben und alle wieder zu hören bedürftig und begierig, das weiter zu geben sie alle verbunden sind, ihr Leben als Glieder des Leibes, dessen Haupt Jesus Christus ist. Dieses Leben der Christengemeinde stellt sich innerlich dar als der eine Glaube, die eine Liebe, die eine Hoffnung, von denen alle ihre Glieder bewegt und getragen sind und äußerlich als das gemeinsame Bekenntnis, zu dem sie alle stehen, als ihre gemeinsam anerkannte und ausgeübte Verantwortlichkeit für die Verkündigung des Namens Jesu Christi an alle Menschen, als ihre gemeinsam vollzogene Anbetung und Danksagung. Indem dies ihre Sache ist, ist jede einzelne Christengemeinde als solche ökumenisch (katholisch), d. h. bis zur Einheit solidarisch mit den Christengemeinden aller anderen Orte, Gegenden und Länder.
Die «*Bürgergemeinde*» (Staat) ist das Gemeinwesen aller Menschen eines Ortes, einer Gegend, eines Landes, sofern sie unter einer für einen Jeden und für Alle in gleicher Weise gültigen und verbindlichen, durch Zwang geschützten und durchgesetzten Rechtsordnung beieinander sind. Die Sache, der Sinn und Zweck dieses Beieinanderseins (die Sache der polis, die politische Aufgabe) ist die Sicherung sowohl der äußeren, relativen, vorläufigen Freiheit der Einzelnen als auch des äußeren, relativen, vorläufigen Friedens ihrer Gemeinschaft und insofern die Sicherung der äußeren, relativen, vorläufigen Humanität ihres Lebens und Zusammenlebens. Die drei wesentlichen Gestalten, in denen diese Sicherung sich vollzieht, sind: die Gesetzgebung, in der die für alle gültige Rechtsordnung zu fixieren, die Regierung und Verwaltung, in der sie praktisch anzuwenden, die Rechtspflege, mittels derer über ihre Tragweite in Zweifels- und Konfliktsfällen zu entscheiden ist. /

2.

Blicken wir von der Christengemeinde hinüber zur *Bürgergemeinde,* so fällt uns als Unterschied zunächst dies in die Augen, daß die Christen dort nicht mehr als solche unter sich, sondern mit Nicht-Christen (oder zweifelhaften Christen) beieinander sind. Die Bürgergemeinde umfaßt ja eben alle Menschen des betreffenden Bereiches. Und so hat sie kein allen gemeinsames Bewußtsein ihres Verhältnisses zu Gott. So kann dieses kein Element der in ihr aufgerichteten und gültigen Rechtsordnung bilden. So kann man in ihren Angelegenheiten weder an das Wort noch an den Geist Gottes appellieren. Die Bürgergemeinde als solche ist geistlich blind und unwissend. Sie hat weder Glauben noch Liebe noch Hoffnung. Sie hat kein Bekenntnis und keine Botschaft. In ihr wird nicht gebetet und in ihr ist man nicht Bruder und nicht

Schwester. In ihr kann nur gefragt werden, wie Pilatus fragte: Was ist Wahrheit? weil jede Antwort auf diese Frage ihre Voraussetzung aufheben würde. «Toleranz» ist in «religiöser» Hinsicht – «Religion» ist hier das letzte Wort zur Bezeichnung jener anderen Sache – ihre letzte Weisheit. Eben darum hat sie auch nur äußerliche, nur relative, nur vorläufige Aufgaben und Ziele. Eben darum hat sie das, ist sie aber auch belastet und verunziert durch das, was die Christengemeinde wesensmäßig entbehren darf: die physische Macht, den «weltlichen Arm», um sich als die Vereinigung aller in ihrem Bereich Befindlichen durch Drohung und Anwendung von Gewalt Allen gegenüber durchzusetzen. Eben darum fehlt ihr, was der Christenheit wesentlich ist: die ökumenische Weite und Freiheit. Die polis hat Mauern. Es hat jedenfalls bis auf diesen Tag faktisch immer nur mehr oder weniger bestimmt gegeneinander abgegrenzte lokale, regionale, nationale und als solche miteinander konkurrierende und kollidierende Bürgergemeinden (Staaten) gegeben. Und eben darum ist sie ohne Gewähr und Korrektiv gegenüber der Gefahr, sich selbst und ihre Rechtsordnung entweder zu vernachlässigen oder absolut zu setzen und so oder so sich selbst zu zerstören und aufzuheben. Man kann von der Kirche her wirklich nicht zum Staat hinüberblicken, ohne gewahr zu werden, in wieviel schwächerer, dürftigerer und bedrohterer / Weise die Menschen in dieser anderen «Gemeinde» beieinander sind.

3.

Aber es wäre nicht ratsam, sich bei dieser Feststellung allzu lange aufzuhalten. «In der noch nicht erlösten Welt» steht nach der fünften These der «Theologischen Erklärung» von Barmen (1934) auch die *Christengemeinde* und es gibt unter den den Staat bedrückenden Problemen keines, welches nicht irgendwie auch die Kirche berührte. Christen und Nicht-Christen, wahre und zweifelhafte Christen sind ja auch in ihr von ferne nicht reinlich voneinander zu scheiden. Hat am Abendmahl des Herrn nicht auch Judas, der Verräter, teilgenommen? Bewußtsein von Gott ist Eines, Sein in Gott ein Anderes. Das Wort und der Geist Gottes sind in der Christengemeinde ebenso unverfügbare Größen wie in der Bürgergemeinde. Ihr Bekenntnis kann erstarren und leer werden, ihre Liebe erkalten, ihre Hoffnung zu Boden fallen, ihre Botschaft verblöden und wohl gar gänzlich verstummen, ihre Anbetung und Danksagung zur bloßen Form werden, ihre Gemeinschaft verflachen und zerfallen. Auch die Kirchgemeinde «hat» ja weder den Glauben noch die Liebe noch die Hoffnung. Es gibt tote Kirche und man braucht sich leider nirgends weit nach solcher umzusehen. Und wenn die Kirche in der Regel auf den Gebrauch physischer Gewalt verzichtet und also kein Blut vergossen hat, so war das gelegentlich doch nur darin begründet, daß sie dazu keine Möglichkeit hatte: an anderweitigem Kampf um Machtpositionen hat es jedenfalls auch in ihrem Raume nie ganz gefehlt. Wiederum waren und sind neben anderen und tiefer greifenden zentrifugalen Faktoren auch die lokalen, regionalen und nationalen Verschiedenheiten ihrer Existenzweise stark und die ihr wesentlichen zentripetalen Kräfte schwach genug, um auch die Einheit der Christengemeinden unter sich weithin völlig in Frage zu stellen und darum eine besondere «ökumenische Bewegung» wünschenswert und notwendig zu machen. Es besteht also gewiß kein Anlaß, von der Christengemeinde her aus allzu großer Höhe auf die Bürgergemeinde herunterzublicken. /

4.

Noch wichtiger ist aber die *positive* Beziehung, die sich daraus ergibt, daß die konstitutiven Elemente der Bürgergemeinde auch der Christengemeinde eigentümlich und unentbehrlich sind. Der Name und Begriff ekklesia selbst ist Leihgut aus dem politischen Bereich. Auch die Christengemeinde lebt und handelt im Rahmen einer für alle ihre Glieder verbindlichen Rechtsordnung, eines «Kirchenrechts», das ihr zwar nicht Selbstzweck sein kann, das als «Zeichen der Herrschaft Christi» (*A. de Quervain*, Kirche, Volk und Staat, 1945, S. 158) aufzurichten sie aber doch nicht unterlassen kann. Auch die Christengemeinde existiert immer und überall als eine politeia mit bestimmten Autoritäten und Ämtern, Gemeinschaftsformen und Arbeitsteilungen. Was im staatlichen Leben die Legislative, die Exekutive, die Justiz ist, das hat, wie frei und fließend es sich hier gestalte, wie «geistlich» es hier begründet und gemeint sein mag, seine deutlichen Parallelen auch im kirchlichen Leben. Und wenn die Christengemeinde nicht alle Menschen, sondern eben nur die Christen – die sich als Christen bekennen und mit mehr oder weniger Ernst Christen sein möchten – umfaßt, so strebt sie, die zum «Licht der Welt» eingesetzt ist, von diesen Wenigen oder Vielen doch zu allen Menschen. Ihnen gegenüber bekennt sie, ihnen gilt die ihr aufgetragene Botschaft. Im engeren und weiteren Bereich des Ortes, der Gegend, des Landes allem Volk zu dienen ist der Sinn ihrer Existenz nicht weniger als der der Bürgergemeinde. Wir lesen 1. Tim. 2, 1-7, daß eben der Gott, dem es recht und angenehm ist, daß die Christen als solche ein ruhiges und stilles Leben führen in aller Gottseligkeit und Ehrbarkeit, will, daß allen Menschen geholfen werde und sie zur Erkenntnis der Wahrheit kommen und daß die Christen eben

darum für alle Menschen und insbesondere für die «Könige», d. h.
für die, die im staatlichen (alle Menschen umfassenden) Bereich
Träger besonderer Verantwortlichkeit sind, zu beten haben. Nicht
apolitisch, sondern politisch existiert in diesem Sinn auch die
Christengemeinde. Es kommt dazu, daß der Gegenstand der Verheißung und Hoffnung, in dem die Christengemeinde ihr ewiges
Ziel hat, nach den unmißverständlichen Angaben des Neuen Testamentes gerade nicht in einer / ewigen Kirche besteht, sondern in
der von Gott gebauten, vom Himmel auf die Erde kommenden
polis, in deren Licht die Völker wandeln und in die die Könige
der Erde ihre Herrlichkeit bringen werden (Offenb. 21, 2. 24) –
in einem himmlischen politeuma (Phil. 3, 20) – in Gottes basi-
leia – in der richterlichen Entscheidung des seinen Thron einneh-
menden Königs Jesus (Matth. 25, 31 f.). Man wird von da aus
von einer gerade allerletztlich hochpolitischen Bedeutung der
Existenz der Christengemeinde reden dürfen und müssen.

5.

Und nun weiß gerade die Christengemeinde um die *Notwendigkeit* der besonderen Existenz der Bürgergemeinde. Sie weiß nämlich, daß alle Menschen (die Nicht-Christen und die Christen!)
dessen bedürftig sind, «Könige» zu haben, d. h. unter einer, durch
überlegene Autorität und Gewalt geschützten, äußerlichen, relativen und vorläufigen Rechtsordnung zu stehen. Sie weiß, daß
deren in ihrer Eigentlichkeit, Ursprünglichkeit und Endgültigkeit
zu offenbarende Gestalt das ewige Königreich Gottes ist und die
ewige Gerechtigkeit seiner Gnade. Sie selbst verkündigt sie pri-
mär und ultimativ in dieser ewigen Gestalt. Sie preist aber Gott
dafür, daß sie «in der noch nicht erlösten Welt» auch eine äußerliche, relative, vorläufige Gestalt hat, in der sie auch unter der
Voraussetzung der unvollständigsten und getrübtesten Erkenntnis
Jesu Christi, ja faktisch auch ohne sie gültig und wirksam ist.
Diese äußerliche, relative, vorläufige, aber darum nicht ungültige,
nicht unwirksame Gestalt der Rechtsordnung ist die Bürgergemeinde. Die Christengemeinde – und in ganzem Ernst nur sie! –
weiß um ihre Notwendigkeit. Sie weiß nämlich – indem sie um
Gottes Reich und Gnade weiß – um des Menschen Übermut und
um dessen schlechthin zerstörerische Konsequenzen. Sie weiß, wie
gefährlich der Mensch ist und wie gefährdet durch sich selber. Sie
kennt ihn als Sünder, d. h. als das Wesen, das beständig im Begriff steht, die Schleusen zu öffnen, durch die, wenn ihm nicht
gewehrt würde, das Chaos, das Nichts hereinbrechen und seiner
Zeit ein Ende setzen müßte. Sie kann die Zeit, die ihm / gelassen ist,
nur als «Gnadenzeit» verstehen in dem doppelten Sinn: als Zeit,
die ihm dazu gegeben ist, Gottes *Gnade* zu erkennen und zu er-

greifen – und als Zeit, die ihm eben dazu *durch* Gottes Gnade gegeben ist. Sie selbst, die Christengemeinde, existiert in dieser dem Menschen gelassenen Zeit: in dem Raum, in welchem des Menschen zeitliches Leben noch immer vor dem Chaos – sein Einbruch müßte an sich längst fällig sein – geschützt ist. Das sichtbare Mittel dieses Schutzes erkennt sie in der Existenz der Bürgergemeinde, in der Tatsache der im staatlichen Wesen stattfindenden Bemühung um eine äußerliche, relative, vorläufige Humanisierung des menschlichen Daseins in der Verhinderung des Schlimmsten, die dadurch garantiert ist, daß es für Alle (für Nicht-Christen und Christen: sie haben es beide nötig, denn des Menschen gefährlicher Übermut ist in beiden lebendig!) eine politische Ordnung gibt, unter der – sehe jeder, wo er stehe! – die Bösen bestraft, die Guten belohnt werden (Röm. 13, 3; 1. Petr. 2, 14). Sie weiß, daß es ohne sie auch keine christliche Ordnung gäbe. Sie weiß und sie dankt Gott dafür, daß sie – als innerer Kreis inmitten jenes weiteren (vgl. O. *Cullmann*, Königsherrschaft Christi und Kirche im Neuen Testament, 1941) – im Schutz der Bürgergemeinde existieren darf.

6.
Indem sie das weiß, erkennt sie in der Existenz der Bürgergemeinde – ohne Rücksicht auf das Christentum oder Nicht-Christentum ihrer Angehörigen und Funktionäre und auch ohne Rücksicht auf ihre besondere Gestalt und Wirklichkeit – nicht weniger als in ihrer eigenen Existenz die Auswirkung einer *göttlichen Anordnung* (ordinatio, Einsetzung, Stiftung), eine exusia, die nicht ohne, sondern nach Gottes Willen ist und wirksam ist (Röm. 13, 1b). Wo Bürgergemeinde, wo Staat ist, da haben wir es, wieviel menschlicher Irrtum und menschliche Willkür dabei im Einzelnen mitlaufen mag, in der Sache nicht etwa mit einem Produkt der Sünde, sondern mit einer der Konstanten der göttlichen Vorsehung und Weltregierung in ihrer zugunsten des Menschen stattfindenden Gegenwirkung gegen die menschliche Sünde und also mit einem Instrument der gött / lichen Gnade zu tun. Die Bürgergemeinde hat mit der Christengemeinde sowohl den Ursprung als auch das Zentrum gemeinsam. Sie ist Ordnung der göttlichen *Gnade*, sofern diese – in ihrem Verhältnis zum sündigen Menschen als solchen, im Verhältnis zu der noch unerlösten Welt – immer auch *Geduld* ist. Sie ist das Zeichen dafür, daß auch die noch (oder schon wieder) der Sünde und also dem Zorn verfallene Menschheit in ihrer ganzen Unwissenheit und Lichtlosigkeit von Gott nicht verlassen, sondern bewahrt und gehalten ist. Sie dient ja dazu, den Menschen vor dem Einbruch des Chaos zu schützen und also ihm Zeit zu geben: Zeit für die Verkündigung

des Evangeliums, Zeit zur Buße, Zeit zum Glauben. Indem in ihr «nach dem Maß menschlicher Einsicht und menschlichen Vermögens» und «unter Androhung und Ausübung von Gewalt» (Barmer These 5) für die Aufrichtung menschlichen Rechtes und (in dem damit gegebenen äußerlichen, relativen, vorläufigen Sinn) für Freiheit, Frieden und Humanität gesorgt wird, steht sie unabhängig von dem Ermessen und Wollen der beteiligten Menschen faktisch in diesem bestimmten Dienst der Vorsehung und des Heilsplanes Gottes. Sie hat also keine vom Reich Jesu Christi abstrahierte, eigengesetzlich begründete und sich auswirkende Existenz, sondern sie ist – außerhalb der Kirche, aber nicht außerhalb des Herrschaftskreises Jesu Christi – ein Exponent dieses seines Reiches. Sie gehört eben nach neutestamentlicher Erkenntnis zu den «Gewalten», die in ihm geschaffen und durch ihn zusammengehalten sind (Kol. 1, 16 f.), die uns von der Liebe Gottes darum nicht scheiden können (Röm. 8, 37 f.), weil sie, wie in der Auferstehung Jesu Christi offenbar geworden ist, in ihrer Gesamtheit ihm übergeben und zur Verfügung gestellt sind (Matth. 28, 18). Gottesdienst ist also nach dem ausdrücklichen Apostelwort (Röm. 13, 4. 6) auch das Handeln des Staates. Es kann als solches pervertiert werden, wie ja auch das Handeln der Kirche, wie auch ihr Gottesdienst der Perversion nicht einfach entzogen ist. Der Staat kann das Gesicht und den Charakter des Pilatus annehmen. Er handelt aber auch dann in der Gewalt, die ihm von Gott gegeben ist (Joh. 19, 11). Und daß und in welchem Sinn und Maß er pervers handelt, wird dann gerade von da – und mit Bestimmtheit nur von da aus beurteilt werden können, daß er nach seinem Sinn und Auftrag / auch dann im Dienste Gottes handelt, dem er auch in seiner Perversion nicht entlaufen kann, an dessen Gesetz er aber gemessen ist. Die Christengemeinde anerkennt darum, «in Dank und Ehrfurcht gegen Gott die Wohltat dieser seiner Anordnung» (Barmer These 5). Die Wohltat, die sie anerkennt, besteht in der durch die Existenz der politischen Gewalt und Ordnung stattfindenden äußerlichen, relativen und vorläufigen Heiligung der unheiligen Welt. In welchen konkreten Stellungnahmen den je besonderen politischen Gestalten und Wirklichkeiten gegenüber diese christliche Anerkennung sich darstellen wird, kann dabei noch völlig offen bleiben. Sicher ausgeschlossen ist von da aus Eines: die Entscheidung für die Indifferenz, ein apolitisches Christentum. Die Kirche kann sich gegenüber der Erscheinung einer mit ihrem eigenen Auftrag in so klarem Zusammenhang stehenden Anordnung auf keinen Fall gleichgültig, auf keinen Fall neutral verhalten. Das wäre die Widersetzlichkeit, von der es Röm. 13, 2 heißt, daß sie sich unmittelbar gegen Gott selbst richten würde und daß sie dessen Gericht auf sich ziehen müßte.

7.

Kirche muß *Kirche bleiben*. Es muß bei ihrer Existenz als *innerer* Kreis des Reiches Christi sein Bewenden haben. Die Christengemeinde hat eine Aufgabe, die ihr durch die Bürgergemeinde nicht abgenommen werden und der sie auch ihrerseits nie in den Formen nachgehen kann wie die Bürgergemeinde der ihrigen. Es geschähe auch nicht zum Heil der Bürgergemeinde, wenn die Christengemeinde in ihrer Mitte etwa nach R. *Rothes* Rat in ihr aufgehen wollte und also die ihr kategorisch vorgeschriebene *besondere* Aufgabe versäumen würde. Sie verkündigt die Herrschaft Jesu Christi und die Hoffnung auf das kommende Reich Gottes. Die Bürgergemeinde als solche tut das nicht; sie hat keine solche Botschaft auszurichten; sie ist darauf angewiesen, daß sie ihr ausgerichtet werde. Sie ist nicht in der Lage, an Gottes Autorität und Gnade zu appellieren; sie ist darauf angewiesen, daß dies anderswo geschieht. Sie betet nicht; sie ist darauf angewiesen, daß für sie gebetet werde. Sie ist blind für das Woher? und Wohin? der menschlichen Exi/stenz, für deren äußerliche, relative, vorläufige Begrenzung und Bewahrung sie zu sorgen hat; sie ist darauf angewiesen, daß es anderswo sehende Augen gibt. Sie kann die menschliche Hybris nicht grundsätzlich in Frage stellen und sie weiß von keiner definitiven Abwehr des von daher drohenden Chaos; sie ist darauf angewiesen, daß es in dieser Hinsicht anderswo letzte Erkenntnisse und Worte gibt. Das Denken und die Sprache der Bürgergemeinde schwankt notwendig hin und her zwischen einem allzu kindlichen Optimismus und einem allzu grämlichen Pessimismus hinsichtlich des Menschen – wie selbstverständlich erwartet sie von einem Jeden das Beste, um dann doch auch einen Jeden ebenso selbstverständlich aufs Schlimmste zu beargwöhnen! – sie rechnet offenbar damit, daß ihre Anthropologie von anderswoher radikal überboten und damit dann auch relativ gerechtfertigt sei und relativ zurechtgestellt werde. Ein Aufhören der besonderen Existenz der Christengemeinde ist entscheidend darum nicht möglich, weil es nur im Akt höchsten Ungehorsams der Christen dazu kommen könnte. Es ist aber auch darum nicht möglich, weil damit die Stimme der letztlich einzigen Hoffnung und Hilfe, die alles Volk von dorther zu hören nötig hat, verstummen würde.

8.

Die Christengemeinde *beteiligt* sich aber gerade in Erfüllung ihrer *eigenen* Aufgabe auch an der Aufgabe der Bürgergemeinde. Indem sie an Jesus Christus glaubt und Jesus Christus verkündigt, glaubt und verkündigt sie ja den, der wie der Herr der Kirche so auch der Herr der Welt ist. Und ihre Glieder befinden sich ja, indem sie jenem inneren Kreis angehören, automatisch auch in jenem äußeren, können also mit dem ihnen befohlenen Werk des Glaubens, der Liebe und der Hoffnung an der Grenze dieser beiden Bereiche, obwohl seine Gestalt hüben und drüben entsprechend den verschiedenen Aufgaben eine verschiedene sein wird, nicht Halt machen. Im Raum der Bürgergemeinde ist die Christengemeinde mit der Welt solidarisch und hat sie diese Solidarität resolut ins Werk zu setzen. Die Christengemeinde betet für die Bürgergemeinde. Sie tut das gerade / darum erst recht, weil die Bürgergemeinde als solche nicht zu beten pflegt. Indem sie aber für sie betet, macht sie sich Gott gegenüber für sie verantwortlich, und sie würde das nicht ernstlich tun, wenn sie es beim Beten für sie sein Bewenden haben lassen, wenn sie nicht, eben indem sie für sie betet, auch tätig für sie arbeiten würde. Darin besteht aber ihr tätiges Eintreten für die Bürgergemeinde, daß sie deren Gewalt als eine Auswirkung göttlicher Anordnung als auch für sie bindend, als auch sie verpflichtend gelten läßt, daß sie deren Ordnung als auch für sie sinnvoll und recht respektiert. Darin besteht dieses tätige Eintreten, daß sie auch sich selbst der Sache der Bürgergemeinde nach dem Wort des Apostels (Röm. 13, 1a) unter allen Umständen (und also mit welcher politischen Gestalt und Wirklichkeit sie es in concreto zu tun habe) «unterordnet». Luthers Übersetzung redet von «Untertansein» und sagt damit etwas gefährlich Anderes als das Gemeinte. Das Gemeinte ist nämlich gerade nicht dies, daß die Christengemeinde und die Christen der Bürgergemeinde oder ihren Funktionären einen möglichst blinden Untertanen- und Jawohl-Gehorsam entgegenbringen, sondern nach Röm. 13, 6 f. dies, daß sie das von ihnen zur Begründung, Erhaltung und Behauptung der Bürgergemeinde und zur Durchführung von deren Aufgabe Verlangte darum zu leisten hätten, weil sie, obwohl sie Christen und als solche anderswo beheimatet sind, auch in diesem äußeren Kreis existieren, weil Jesus Christus der Mittelpunkt auch dieses äußeren Kreises ist, weil also für dessen Bestand auch sie verantwortlich sind. «Unterordnung» bedeutet den Vollzug dieser *Mitverantwortung*, in der die Christen sich mit den Nicht-Christen an dieselbe Aufgabe begeben, derselben Regel unterstellen. Die Unterordnung gilt der so oder so, besser oder schlechter vertretenen *Sache* der Bürgergemeinde und dieser darum, weil auch sie (und also nicht allein die Sache der Christengemeinde!) des einen Gottes Sache ist. Paulus hat Röm. 13, 5 ausdrücklich hinzugefügt, daß diese «Unterordnung» nicht fakultativ, sondern notwendig sei und notwendig nicht nur «um des Zornes willen»: aus gesetzlicher Furcht vor dem im anderen Fall unvermeidlichen Konflikt mit einem dunklen Gebot Gottes, sondern «um des Gewissens willen»: im klaren evangelischen Wissen um die göttliche Gnade und Geduld, die sich auch in der Existenz des / Staates manifestiert und also eben: in voller Verantwortlichkeit gegenüber dem für den Christen auch in dieser Sache offenbaren Willen Gottes, im Zuge des aus einem freien Herzen kommenden Gehorsams, den der Christ ihm hier wie im Raum der Kirche – wenn auch hier mit einem anderen Zweck als dort (er gibt dem Kaiser, was des Kaisers und Gott, was Gottes ist, Matth. 21, 22) – entgegenbringt.

9.

Die Christengemeinde hat, indem sie sich für die Bürgergemeinde mitverantwortlich macht, den verschiedenen politischen Gestalten und Wirklichkeiten gegenüber keine ihr notwendig eigentümliche Theorie zu vertreten. Sie ist nicht in der Lage, eine Lehre als *die* christliche Lehre vom rechten Staat aufzustellen. Sie ist auch nicht in der Lage, auf eine schon vollzogene Verwirklichung des vollkommenen Staates hinzuweisen oder die Herstellung eines solchen in Aussicht zu nehmen. Es gibt, aus Gottes im Glauben vernommenen Wort geboren, nur einen Leib Christi. Es gibt also keinen der christlichen Kirche entsprechenden christlichen Staat, kein Duplikat der Kirche im politischen Raum. Denn wenn der Staat als Auswirkung einer göttlichen Anordnung, als die Erscheinung einer jener Konstanten der göttlichen Vorsehung und der von ihr regierten Weltgeschichte im Reiche Christi ist, so heißt das nicht, daß Gott in einer staatlichen Gemeinschaft als solcher offenbar sei, geglaubt und erkannt werde. Die in seiner Existenz stattfindende Auswirkung göttlicher Anordnung besteht darin, daß es da Menschen (ganz abgesehen von Gottes Offenbarung und ihrem Glauben) faktisch übertragen ist «nach dem Maß menschlicher Einsicht und menschlichen Vermögens» für zeitliches Recht und zeitlichen Frieden, für eine äußerliche, relative, vorläufige Humanisierung der menschlichen Existenz zu sorgen. Dementsprechend sind schon die verschiedenen politischen Gestalten und Systeme menschliche Erfindungen, die als solche nicht den Charakter der Offenbarung tragen, nicht als solche bezeugt werden und also auch nicht Anspruch auf Glauben erheben können. Indem die Christengemeinde sich für die Bürgergemeinde mitverantwort / lich macht, beteiligt sie sich – von Gottes Offenbarung und von ihrem Glauben her – an dem menschlichen Fragen nach der besten Gestalt, nach dem sachgemäßesten System des politischen Wesens, ist sie sich aber auch der Grenzen aller vom Menschen auffindbaren (auch der unter ihrer eigenen Mitwirkung aufzufindenden) politischen Gestalten und Systeme bewußt, wird sie sich also wohl hüten, *ein* politisches Konzept – und wenn es das «demokratische» wäre – als *das* christliche gegen alle anderen auszuspielen. Sie hat, indem sie das Reich Gottes verkündigt, allen politischen Konzepten gegenüber ihre Hoffnungen, aber auch ihre Fragen geltend zu machen. Und das gilt auch und erst recht von allen politischen Verwirklichungen. Wird sie ihnen gegenüber zugleich nachsichtiger und strenger, geduldiger und ungeduldiger sein als die an dieser Sache beteiligten Nicht-Christen, so wird sie doch keine solche Verwirklichung – sie kann ja nur auf Grund menschlicher Einsicht und menschlichen Vermögens zustande gekommen sein – für vollkommen halten und also mit dem Reiche Gottes verwechseln können. Sie wartet angesichts aller schon vollzogenen und angesichts aller noch zu vollziehenden politischen Verwirklichungen auf «die Stadt, die einen Grund hat, deren Baumeister und Schöpfer Gott ist» (Hebr. 11, 10). Sie vertraut und gehorcht – nicht einer politischen Gestalt und nicht einer politischen Wirklichkeit – sondern der Kraft des Wortes, durch das Gott alle Dinge trägt (Hebr. 1, 3; Barmer These 5), auch die politischen Dinge.

10.

Gerade in dieser Freiheit macht sie sich aber für die Gestalt und die Wirklichkeit der Bürgergemeinde nicht so oder so, sondern in ganz *bestimmtem* Sinn verantwortlich. Daß sie sich der Politik gegenüber überhaupt indifferent verhalten könnte, haben wir bereits als die ausgeschlossene Möglichkeit bezeichnet. Es gibt aber auch keine christliche Indifferenz gegenüber den verschiedenen politischen Gestalten und Wirklichkeiten. Die Kirche «erinnert an Gottes Reich, an Gottes Gebot und Gerechtigkeit und damit an die Verantwortung der Regierenden und der Regierten» (Barmer These 5). Das bedeutet: / Die Christengemeinde und der einzelne Christ können im politischen Raume zwar Vieles verstehen und an seinem Ort gelten lassen – Alles im Notfall hinnehmen und erleiden. Aber daß sie Vieles verstehen und Alles erleiden können, hat mit der von ihnen geforderten «Unterordnung», d. h. mit der ihnen auferlegten Mitverantwortung in diesem Raum noch nichts zu tun. Ihre Mitverantwortung besteht in dem, was sie in diesem Raum vor Gott *wollen*, im Blick auf das, wofür sie sich in diesem Raum vor Gott *entscheiden* müssen. Müssen: denn eben von ihrem Wollen und Sichentscheiden gilt im Gegensatz zu ihrem Verstehen und Erleiden, daß es eine ganz bestimmte Richtung haben wird, über die es in der Christengemeinde zwar im Einzelnen immer neuer Verständigung bedarf, über die es aber in der Sache keine Diskussion geben und die sie auch nach außen nicht zum Gegenstand von Nachgiebigkeiten und Kompromissen machen kann. Die Christengemeinde «unterordnet» sich der Bürgergemeinde, indem sie – messend an dem Maßstab ihrer Erkenntnis des Herrn, der der Herr über Alles ist – *unterscheidet* (auf dem Feld der äußerlichen, relativen, vorläufigen Möglichkeiten dieses äußeren Kreises «um des Gewissens willen» unterscheidet!) zwischen dem rechten und dem unrechten Staat, d. h. zwischen der jeweils als besser oder schlechter sich darstellenden politischen Gestalt und Wirklichkeit: zwischen Ordnung und Willkür, zwischen Herrschaft und Tyrannei, zwischen Freiheit und Anarchie, zwischen Gemeinschaft und Kollektivismus, zwischen Persönlichkeitsrecht und Individualismus, zwischen dem Staat von Röm. 13 und dem von Offenb. 13. Diesem Unterscheiden gemäß wird sie in den zur Begründung, Erhaltung und Durchsetzung der staatlichen Ordnung sich erhebenden Fragen von Fall zu Fall, von Situation zu Situation *urteilen*. Und ihrem so gebildeten Urteil gemäß wird sie von Fall zu Fall, von Situation zu Situation dieses (den rechten, d. h. den jeweils besseren Staat) *wählen* und *wollen*, jenes (den unrechten, d. h. den jeweils schlechteren Staat) nicht wählen und nicht wollen. Und diesem Wählen und Nicht-Wählen, Wollen und Nicht-Wollen gemäß wird sie sich hier *einsetzen*, dort sich *entgegensetzen*. Eben mit diesem – von ihrem eigenen in seiner das Ganze umfassenden Bedeutung erkannten Zentrum aus erfolgenden – Unterscheiden, Urteilen, Wählen, Wollen / und Sicheinsetzen, eben in den von jenem Zentrum aus notwendig in der einen ihr gebotenen Richtung gehenden praktischen Entscheidungen vollzieht die Christengemeinde ihre «Unterordnung» gegenüber der Bürgergemeinde, ihre politische Mitverantwortung.

11.

Und nun gibt es zwar keine Idee, kein System, kein Programm, wohl aber eine unter allen Umständen zu erkennende und innezuhaltende *Richtung* und *Linie* der im politischen Raum zu vollziehenden christlichen Entscheidungen.
Die Bestimmung dieser Linie ergibt sich *nicht* aus einem Rückgriff auf die problematische Instanz des sogenannten *Naturrechts*. Das würde bedeuten, daß die Christengemeinde sich den Weg und die Wege der nicht an ihrem Zentrum orientierten, der noch oder wieder unwissenden Bürgergemeinde, die Methode des heidnischen Staates zu eigen machte. Sie würde sich dann nicht als Christengemeinde in der Bürgergemeinde betätigen; sie wäre dann nicht das Salz und das Licht in diesem weiteren Kreise. Sie würde sich dann mit der Bürgergemeinde nicht nur solidarisch erklären, sondern sie würde sich ihr dann gleich, und zwar gerade in dem, was ihr fehlt, gleich machen. Sie würde ihr damit gewiß keinen Dienst

leisten. Der Bürgergemeinde als solcher (in ihrer Neutralität Gottes Wort und Geist gegenüber) fehlt nämlich eben das: eine sicherere, eine eindeutigere Begründung der politischen Entscheidungen als die durch das sogenannte Naturrecht. Man versteht unter «Naturrecht» den Inbegriff dessen, was der Mensch angeblich «von Natur», d. h. unter allen denkbaren Voraussetzungen, von Hause aus und also allgemein für Recht und Unrecht, für geboten, erlaubt und verboten hält. Man hat es häufig mit einer natürlichen, d. h. den Menschen von Natur bekannten Offenbarung Gottes in Verbindung gebracht. Und die Bürgergemeinde als solche – die von ihrem Zentrum her noch nicht oder nicht mehr erleuchtete Bürgergemeinde – hat zweifellos keine andere Wahl, als so oder so von diesem angeblichen Naturrecht, d. h. von einer jeweils für *das* Naturrecht ausgegebenen Konzeption dieser Instanz aus zu denken, zu reden und zu handeln: immer / aufs Erraten angewiesen oder auf irgend eine machtvolle Behauptung dieser oder jener Deutung dieser Instanz, immer tastend und experimentierend in ihren von daher abgeleiteten Überzeugungen und letztlich immer ungewiß, ob es nicht eine Illusion sein möchte, mit dieser Instanz zu rechnen und darum faktisch auch nie, ohne heimlich oder offen auch von den Gesichtspunkten eines feineren oder gröberen Positivismus kräftigen Gebrauch zu machen. Die Resultate der so begründeten Politik waren und sind denn auch danach! Und wenn diese Resultate nun doch nicht eindeutig und allgemein negative waren und sind, wenn es im politischen Bereich neben dem Schlechteren auch ein Besseres, neben dem unrechten auch einen rechten Staat – gewiß immer in allerhand merkwürdigen Mischungen beider ! – gegeben hat und noch gibt, dann beruht das nicht darauf, daß es da und dort nun eben doch zur Entdeckung und Praktizierung des wahren Naturrechts gekommen wäre, sondern schlicht darauf, daß auch die unwissende, die neutrale, die heidnische Bürgergemeinde im Reiche Christi ist, daß alles politische Fragen und alle politische Bemühung als solche in Gottes gnädiger, den Menschen bewahrender, seine Sünde und damit sein Verbrechen begrenzender Anordnung begründet sind. Die Absicht, der Sinn und das Ziel dieser göttlichen Anordnung ist es, was in jenem jeweils «Besseren», im jeweils rechten Staat sichtbar wird. Es geschieht das immer, obwohl doch eine sichere Erkenntnis sicherer Normen der politischen Entscheidungen fehlt, obwohl doch der offenkundige Irrtum der scheinbar erkannten Wahrheit übermächtig drohend zur Seite geht. Es geschieht also wohl unter Mitwirkung, aber ganz ohne Verdienst der beteiligten Menschen: Dei providentia hominum confusione. Würde die politische Verantwortung der Christengemeinde unter der Voraussetzung vollzogen, daß auch sie sich an der Frage nach dem wahren Natur-

recht beteiligte, daß auch sie ihre Entscheidungen von daher zu
begründen versuchte, dann würde das freilich an der Macht Gottes, aus Bösem Gutes werden zu lassen – wie er es in der politischen Ordnung faktisch immer tut – nichts ändern. Es würde
aber bedeuten, daß auch die Christengemeinde sich an den menschlichen Illusionen und Konfusionen beteiligte. Es ist gerade genug,
daß sie, sofern sie ihren eigenen Weg nicht zu gehen wagt, faktisch
weithin / daran beteiligt ist. Sie kann diese Beteiligung aber jedenfalls nicht wollen, nicht mutwillig herbeiführen. Das würde sie
aber tun, wenn auch sie die Norm ihrer politischen Entscheidungen in irgend einer Konzeption des sogenannten Naturrechts
suchen, sie von dorther ableiten und begründen würde. Es sind
nicht christliche, sondern «natürliche», weltliche, profane Aufgaben und Probleme, an denen sich die Christengemeinde in Wahrnehmung ihrer politischen Mitverantwortlichkeit zu beteiligen hat.
Es ist aber gerade keine natürliche, sondern die für sie allein
glaubwürdige und maßgebliche geistliche Norm, die klare Eigengesetzlichkeit ihrer eigenen und nicht die dunkle Eigengesetzlichkeit dieser ihr fremden Sache, an der sie sich dabei orientiert, von
deren Erkenntnis her sie auch ihre Entscheidungen im politischen
Raum vollziehen wird.

12.

Sie hat eben von daher die Freiheit, sich ehrlich und ruhig für
diese ihr *fremde* Sache einzusetzen. Sie wird sich also im politischen Raum *nicht etwa für sich selbst*, nicht für ihre eigenen
«Belange» und «Anliegen» einsetzen. Ihre eigene Geltung, ihr Einfluß, ihre Macht als Kirche im Staat ist gerade nicht das Ziel, das
die Richtung und Linie ihrer politischen Entscheidung bestimmen
wird. «Mein Reich ist nicht von dieser Welt. Wäre mein Reich von
dieser Welt, so würden meine Diener kämpfen, damit ich den
Juden nicht überliefert werde; nun aber ist mein Reich nicht von
hier» (Joh. 18, 36). Die heimliche Geringschätzung, die sich eine
mit politischen Mitteln für sich selbst kämpfende Kirche auch
dann zuzuziehen pflegt, wenn sie mit diesem Kampf gewisse Erfolge erzielt, ist verdient. Und irgend einmal pflegt dieser Kampf
in allerlei offen beschämenden Niederlagen zu endigen. Die Christengemeinde ist nicht Selbstzweck. Sie dient Gott und eben darum und damit den Menschen. Es ist wohl wahr: der tiefste, der
letzte, der göttliche Sinn der Bürgergemeinde besteht darin, Raum
zu schaffen für die Verkündigung und für das Hören des Wortes
und insofern allerdings für die Existenz der Christengemeinde.
Aber der Weg, auf dem die Bürgergemeinde dies nach Gottes Vorsehung und / Anordnung tut und allein tun kann, ist der natürliche,

der weltliche, der profane Weg der Aufrichtung des Rechtes, der Sicherung von Freiheit und Frieden nach dem Maß menschlicher Einsicht und menschlichen Vermögens. Es geht also gerade nach dem göttlichen Sinn der Bürgergemeinde durchaus nicht darum, daß sie selbst allmählich mehr oder weniger zur Kirche werde. Und so kann das politische Ziel der Christengemeinde nicht darin bestehen, den Staat allmählich zu verkirchlichen, d. h. ihn soweit als möglich in den Dienst ihrer eigenen Aufgabe zu stellen. Gewährt ihr der Staat in irgend einer der hier möglichen Formen Freiheit, Ansehen und besondere Rechte (staatskirchenrechtliche Garantie dieser oder jener Art, Beteiligung an der Schule und am Rundfunk, Schutz des Sonntags, finanzielle Erleichterungen oder Unterstützungen und dergleichen), dann wird sie deshalb nicht von einem Kirchenstaat zu träumen beginnen. Sie wird dafür als für Geschenke, in denen sie die göttliche Vorsehung und Anordnung wirksam sieht, dankbar sein: vor allem damit, daß sie in ihren durch solches Geschenk erweiterten Grenzen um so treuer, um so eifriger Kirche ist und damit die offenbar auch von seiten der Bürgergemeinde auf sie gerichteten Erwartungen rechtfertigt. Sie wird aber solches Geschenk nicht zur Sache eines von ihr der Bürgergemeinde gegenüber zu verfechtenden Anspruchs machen. Sie wird, wenn ihr solches Geschenk von Seiten der Bürgergemeinde verweigert wird, den Fehler nicht zuerst bei dieser, sondern bei sich selbst suchen. Hier gilt: «Widerstehet nicht dem Bösen!» Die Christengemeinde wird sich in diesem Fall fragen, ob sie wohl der Bürgergemeinde gegenüber den Beweis des Geistes und der Kraft schon so geführt, ob sie Jesus Christus der Welt gegenüber schon so vertreten und verkündigt habe, daß sie ihrerseits erwarten kann, als wichtiger, interessanter und heilsamer Faktor des öffentlichen Lebens entsprechend berücksichtigt zu werden. Sie wird sich z. B. fragen, ob sie das Gewaltige denn wirklich zu sagen hat, das in der Schule gehört zu werden durchaus den Anspruch hätte. Sie wird – wann und wo hätte sie dazu keinen Anlaß? – zuerst und vor allem Buße tun, und es wird das am besten in der Weise geschehen, daß sie in dem ihr in der Öffentlichkeit gelassenen – vielleicht kleinsten – Raum um so getroster, nun erst recht gesammelt, mit doppeltem Eifer «am / kleinsten Punkte mit der größten Kraft» ihrem besonderen Werke nachgeht. Wo sie ihren «Öffentlichkeitswillen» erst anzeigen, ihren «Öffentlichkeitsanspruch» erst erheben muß, da beweist sie eben damit, daß er (im Faktum ihrer Existenz als Kirche) nicht in relevanter Weise auf dem Plane ist, und es geschieht ihr dann vor Gott und den Menschen recht, wenn sie nun gerade nicht gehört – oder eben so gehört wird, daß sie über kurz oder lang sicher keine Freude dabei erleben wird. Es war immer nur die den besonderen Sinn des

Staates verkennende und es war immer nur die unbußfertige, es war so oder so immer nur die geistlich unfreie Kirche, die mit diesem «Öffentlichkeitswillen» und «Öffentlichkeitsanspruch» als Kämpferin in eigener Sache in die politische Arena gegangen ist.

13.

Das Eigene, mit dem sie in diese Arena geht, wird aber – wir haben diese Abgrenzung bereits angedeutet – auch nicht einfach und direkt das Reich Gottes sein können. Die Kirche *erinnert* an Gottes Reich. Das bedeutet aber nicht, daß sie es dem Staate zumutet, allmählich zum Reich Gottes zu werden. Das Reich Gottes ist das Reich, in welchem Gott ohne Schatten, ohne Problem und Widerspruch Alles in Allem ist, die Herrschaft Gottes in der erlösten Welt. Im Reich Gottes ist das Äußere im Inneren, das Relative im Absoluten, das Vorläufige im Endgültigen wohl aufgehoben. Im Reich Gottes gibt es keine Legislative, keine Exekutive, keine Jurisdiktion. Denn im Reich Gottes ist keine Sünde, die erst zurecht zu weisen, kein Chaos, das noch zu befürchten und aufzuhalten wäre. Das Reich Gottes ist die aus der Verborgenheit herausgetretene, die offenbar gewordene Weltherrschaft Jesu Christi zu Ehre Gottes des Vaters. Die Bürgergemeinde als solche, die neutrale, die heidnische, die noch oder wieder unwissende Bürgergemeinde weiß nichts vom Reich Gottes. Sie weiß bestenfalls um die verschiedenen Ideale des Naturrechts. Die Christengemeinde inmitten der Bürgergemeinde aber weiß darum und erinnert daran. Sie erinnert ja an den gekommenen und wiederkommenden Jesus Christus. Sie kann das aber wirklich / nicht in der Weise tun, daß sie eine reichgotteshafte Gestalt und Wirklichkeit des Staates projektiert, in Vorschlag bringt und in der Bürgergemeinde durchzusetzen versucht. Wieder ist der Staat im Recht, wenn er sich alle im Grunde darauf hinaus laufenden christlichen Zumutungen zu verbitten pflegt. Es liegt in seinem Wesen, daß er nicht das Reich Gottes ist und daß er das auch nicht werden kann. Er beruht auf einer Anordnung Gottes im Blick auf «die noch unerlöste Welt», in der mit der Sünde und mit der ihr folgenden Gefahr des Chaos in letztem Ernst zu rechnen ist und in der die Herrschaft Jesu Christi zwar real aufgerichtet, aber noch verborgen ist. Er würde seinen Sinn verleugnen, wenn er sich verhalten würde, als sei es ihm gegeben, sich zum Reich Gottes auszubauen. Wieder würde aber auch der Kirche, die ihn dazu veranlassen wollte, vorzuhalten sein, daß sie sich damit einer allzu unbesonnenen Überheblichkeit schuldig machte. Sie müßte ja der Meinung sein, vor allem sich selbst zum Reich Gottes ausbauen zu sollen und zu können, wenn ihre entsprechende Forderung dem Staat gegenüber Sinn haben sollte. Die Kirche steht aber mit dem Staat «in der noch unerlösten Welt». Reichgotteshaft pflegt es – auch im besten Falle auch in ihr nicht zuzugehen. Ob sie das Reich Gottes wohl ihrerseits mit einem naturrechtlichen Ideal verwechselt hat, wenn sie seine Verwirklichung im Staat zum Inhalt ihrer Forderung macht, wenn sie also «Reichgottespolitik» treiben zu sollen und zu können meint? Ob sie es in diesem Fall nicht nötig hat, vor allem sich selbst aufs neue an das wirkliche, ihr selbst wie dem Staate erst zukünftige Reich Gottes erinnern zu lassen? Nein, eine freie Kirche wird sich auch auf diesem Weg gerade nicht betreffen lassen.

14.

Die Richtung und Linie des christlich politischen Unterscheidens, Urteilens, Wählens, Wollens und Sicheinsetzens bezieht sich auf die *Gleichnis*fähigkeit und *Gleichnis*bedürftigkeit des politischen Wesens. Das politische Wesen kann weder eine Wiederholung der Kirche noch eine Vorwegnahme des Reiches Gottes darstellen. Es ist in seinem Verhältnis zur / Kirche ein *eigenes*, in seinem Verhältnis zum Reich Gottes (wie die Kirche selbst!) ein *menschliches*, ein die Art dieser vergänglichen Welt an sich tragendes Wesen. Eine *Gleichung* zwischen ihm und der Kirche auf der einen, dem Reich Gottes auf der anderen Seite kann darum nicht in Frage kommen. Wiederum hat es, indem es auf besonderer göttlicher Anordnung beruht, indem es zum Reiche Jesu Christi gehört, keine Eigengesetzlichkeit, keine der Kirche und dem Reich Gottes gegenüber selbständige Natur. Eine einfache und absolute *Ungleichung* zwischen ihm und der Kirche einerseits, dem Reich Gottes andererseits kann darum auch nicht in Frage kommen. Es bleibt somit übrig und es drängt sich als zwingend auf: die Gerechtigkeit des Staates in christlicher Sicht ist seine Existenz als ein *Gleichnis*, eine Entsprechung, ein Analogon zu dem in der Kirche geglaubten und von der Kirche verkündigten Reich Gottes. Indem die Bürgergemeinde den äußeren Kreis bildet, innerhalb dessen die Christengemeinde mit dem Geheimnis ihres Bekenntnisses und ihrer Botschaft der innere ist, indem sie also mit dieser das Zentrum gemeinsam hat, kann es nicht anders sein, als daß sie, obwohl und indem ihre Voraussetzung und Aufgabe eine eigene und andere ist, im Verhältnis zu der die Christengemeinde konstituierenden Wahrheit und Wirklichkeit gleichnis*fähig* ist: fähig dazu, sie indirekt, im Spiegelbild zu reflektieren. Da es aber bei der Eigenheit und Andersheit ihrer Voraussetzung und Aufgabe, bei ihrer Existenz als besonderer äußerer Kreis sein Bewenden haben muß, kann ihre Gerechtigkeit und also ihre Existenz als Spiegelbild der christlichen Wahrheit und Wirklichkeit nun doch nicht selbstverständlich und ein für allemal vorausgegeben sein, ist diese vielmehr aufs höchste gefährdet, ist es immer und überall fraglich, ob und in welchem Maß sie ihre Gerechtigkeit erfüllt, muß sie also, um vor Entartung und Zerfall bewahrt zu bleiben, an sie erinnert werden; sie ist gleichnis*bedürftig*, ebenso wie sie gleichnisfähig ist. Es bedarf immer wieder einer Geschichte, die ihre Gestaltung zum Gleichnis des Reiches Gottes und also die Erfüllung ihrer Gerechtigkeit zum Ziel und Inhalt hat. Die menschliche Initiative in dieser Geschichte kann aber nicht von ihr selbst ausgehen. Sie ist ja als Bürgergemeinde dem Geheimnis des Reiches Gottes, dem Geheimnis ihres eigenen Zen / trums gegenüber unwissend, dem Bekenntnis und der Botschaft der Christengemeinde gegenüber neutral. Sie ist ja als Bürgergemeinde darauf angewiesen, aus den löcherigen Brunnen des sogenannten Naturrechts zu schöpfen. Sie kann sich nicht von sich aus an das wahre und wirkliche Maß ihrer Gerechtigkeit erinnern, sich nicht von sich aus zu deren Erfüllung in Bewegung setzen. Sie bedarf eben dazu der heilsam beunruhigenden Gegenwart, der unmittelbar und direkt um jenes Zentrum rotierenden Tätigkeit und also eben: der politischen Mitverantwortung der Christengemeinde. Die Christengemeinde ist auch nicht das Reich Gottes, aber sie weiß darum, sie hofft darauf, sie glaubt daran; sie betet ja im Namen Jesu Christi und sie verkündigt diesen Namen als den, der über allen Namen ist. Sie, die Christengemeinde, ist hier nicht neutral und darum auch nicht ohnmächtig. Vollzieht sie nur die große, die ihr als ihre politische Mitverantwortung gebotene und notwendige metabasis eis allo genos, so kann und wird sie auch im anderen genos nicht neutral, nicht ohnmächtig sein, ihren Herrn auch dort nicht verleugnen können. Tritt sie in ihre politische Mitverantwortung ein, dann muß das bedeuten: sie ergreift jetzt die menschliche Initiative, die die Bürgergemeinde nicht ergreifen, sie gibt ihr jetzt den Anstoß, den diese sich selbst nicht geben, sie vollzieht jetzt eben die Erinnerung, deren diese von sich aus nicht fähig sein kann. Sie unterscheidet, urteilt und wählt dann im politischen Bereich immer zugunsten der Erleuchtung seines Zusammenhangs mit Gottes Heils- und Gnadenordnung und also zu Ungunsten aller Verdunkelungen dieses Zusammenhangs. Sie unterscheidet und wählt unter den sich jeweils bietenden politischen Möglichkeiten unter Zurückstellung und Ablehnung der anderen immer diejenigen, in deren Realisierung ein Gleichnis, eine Entsprechung, eine Analogie, das Spiegelbild dessen sichtbar wird, was den Inhalt ihres Bekenntnisses und ihrer Botschaft bildet. Sie tritt in den Entscheidungen der Bürgergemeinde immer auf die Seite, wo die Herrschaft Jesu Christi über das Ganze und also auch über diesen ihr fremden Bereich nicht verundeutlicht, sondern verdeutlicht wird. Sie will, daß die Gestalt und die Wirklichkeit des Staates inmitten der Vergänglichkeit dieser Welt auf das Reich Gottes hin und nicht von ihm wegweise. Sie will, daß die menschliche Politik die / göttliche nicht kreuze, sondern daß sie ihr in ihrer ganzen Entfernung von jener parallel gehe. Sie will, daß die vom Himmel her offenbar gewordene und tätige Gnade Gottes in dem auf Erden allein möglichen Material äußerlicher, relativer und vorläufiger Handlungen und Handlungsweisen der politischen Gemeinde abgebildet werde. Sie verantwortet sich also erstlich und letztlich auch damit vor *Gott* – vor dem einen Gott, der den Menschen in Jesus Christus gnädig und offenbar ist –, daß sie sich für die Sache der Bürgergemeinde verantwortlich macht. Und so legt sie auch mit ihrem politischen Unterscheiden, Urteilen, Wählen und Wollen ein implizites, ein indirektes, aber doch reales *Zeugnis* ab. So ist auch ihr politisches Handeln Bekenntnis. Sie ruft mit ihm auch die Bürgergemeinde aus der Neutralität, aus der Unwissenheit, aus dem Heidentum heraus in die Mitverantwortung vor Gott, in der sie ihre eigene politische Mitverantwortung betätigt. So handelt sie gerade in Treue gegen ihren eigensten Auftrag, indem sie auch politisch handelt. So also wird durch sie die Geschichte in Gang gebracht, die die Gestaltung der Bürgergemeinde zum Gleichnis des Reiches Gottes und also die Erfüllung ihrer Gerechtigkeit zum Ziel und Inhalt hat.

15.

Die Christengemeinde ist gegründet auf die Erkenntnis des einen ewigen Gottes, der als solcher *Mensch* und so des Menschen Nächster geworden ist, um Barmherzigkeit an ihm zu tun (Luk. 10, 36 f.). Das zieht unweigerlich nach sich, daß die Christengemeinde sich im politischen Raum immer und unter allen Umständen in erster Linie des Menschen und nicht irgend einer Sache annehmen wird, gleichviel ob diese Sache das anonyme Kapital sei oder der Staat als solcher (das Funktionieren seiner Bureaux!) oder die Ehre der Nation oder der zivilisatorische oder auch kulturelle Fortschritt oder auch die so oder so konzipierte Idee einer historischen Entwicklung der Menschheit. Die letztere auch dann nicht, wenn es die Erhebung und das Wohl künftiger Menschengenerationen ist, die als Ziel dieser Entwicklung verstanden wird, zu dessen Erreichung dann der Mensch, die Menschenwürde, das Menschenleben in der Gegen / wart zunächst einmal mit Füßen getreten werden dürften. Sogar das Recht wird da zum Unrecht (summum ius summa in iuria), wo es als abstrakte Form herrschen, statt als Menschenrecht der Begrenzung und Bewahrung eben des

Menschen dienen will. Die Christengemeinde ist immer und unter allen Umständen der Gegner des Götzen Tschaggernat. Nachdem Gott selbst Mensch geworden ist, ist der Mensch das Maß aller Dinge, kann und darf der Mensch nur für den Menschen eingesetzt und u. U. geopfert, muß der Mensch, auch der elendeste Mensch – gewiß nicht des Menschen Egoismus aber des Menschen Menschlichkeit – gegen die Autokratie jeder bloßen Sache resolut in Schutz genommen werden. Der Mensch hat nicht den Sachen, sondern die Sachen haben dem Menschen zu dienen.

16.

Die Christengemeinde ist Zeuge der göttlichen Rechtfertigung, d. h. des Aktes, in welchem Gott in Jesus Christus sein ursprüngliches *Recht* auf den Menschen und eben damit das *Recht* des Menschen selbst gegen Sünde und Tod aufgerichtet und befestigt hat. Die Zukunft, auf die sie wartet, ist die definitive Offenbarung dieser Rechtfertigung. Das zieht nach sich, daß die Christengemeinde in der Bürgergemeinde auf alle Fälle da zu finden sein wird, wo deren Ordnung darauf begründet ist, daß von der Beugung unter das gemeinsam als Recht Erkannte und Anerkannte, aber auch vom Schutze dieses Rechtes keiner ausgenommen, daß alles politische Handeln unter allen Umständen durch dieses Recht geregelt ist. Sie steht immer für den Rechtsstaat, immer für die maximale Geltung und Anwendung jener doppelten Regel und darum immer gegen alle Entartungen des Rechtsstaates als solchen. Sie wird also nie auf der Seite der Anarchie und nie auf der der Tyrannei zu finden sein. Ihre Politik wird auf alle Fälle dahin drängen, daß die Bürgergemeinde diesen Grundsinn ihrer Existenz: des Menschen Begrenzung und des Menschen Bewahrung durch Rechtsfindung und Rechtssetzung ganz ernst nehme. /

17.

Die Christengemeinde ist Zeuge dessen, daß des Menschen Sohn gekommen ist, zu suchen und zu retten, was *verloren* ist. Das muß für sie bedeuten, daß sie – frei von aller falschen Unparteilichkeit – auch im politischen Raum vor allem nach unten blickt. Es sind die nach ihrer gesellschaftlichen und wirtschaftlichen Stellung Schwachen und dadurch Bedrohten, es sind die Armen, für die sie sich immer vorzugsweise und im besonderen einsetzen, für die sie die Bürgergemeinde besonders verantwortlich machen wird. Daß sie ihnen im Rahmen ihrer eigenen Aufgabe (in Form ihrer «Diakonie») Liebe zuwendet, ist Eines, und zwar ihr Erstes, über dem sie aber – nun im Rahmen ihrer politischen Verantwortung –

das Andere nicht versäumen kann: den Einsatz für eine solche Gestaltung des Rechts, die es ausschließt, daß seine Gleichheit für alle zum Deckmantel werde, unter dem es für Starke und Schwache, selbständig und unselbständig Erwerbende, Reiche und Arme, Arbeitgeber und Arbeitnehmer faktisch doch ungleiche Begrenzung und ungleiche Bewahrung bedeutet. Die Christengemeinde steht im politischen Raum als solche und also notwendig im Einsatz und Kampf für die soziale Gerechtigkeit. Und sie wird in der Wahl zwischen den verschiedenen sozialistischen Möglichkeiten (Sozial-Liberalismus? Genossenschaftswesen? Syndikalismus? Freigeldwirtschaft? Gemäßigter? Radiakaler Marxismus?) auf alle Fälle die Wahl treffen, von der sie jeweils (unter Zurückstellung aller anderen Gesichtspunkte) das Höchstmaß von sozialer Gerechtigkeit erwarten zu sollen glaubt.

18.

Die Christengemeinde ist die Gemeinde derer, die durch das Wort der Gnade und durch den Geist der Liebe Gottes in *Freiheit* Gottes Kinder zu sein berufen sind. Das bedeutet in der Übersetzung und im Übergang in die ganz andere politische Gestalt und Wirklichkeit: sie bejaht als das jedem Bürger durch die Bürgergemeinde zu garantierende Grundrecht die Freiheit: die Freiheit, seine Entscheidungen in der politisch rechtlichen / Sphäre nach eigener Einsicht und Wahl und also selbständig zu vollziehen und die Freiheit einer Existenz in bestimmten politisch rechtlich gesicherten, aber nicht politisch rechtlich geordneten und regulierten Sphären (Familie, Bildung, Kunst, Wissenschaft, Glaube). Die Christengemeinde wird sich nicht unter allen Umständen einer praktischen Diktatur, d. h. einer teilweisen und vorübergehenden Einschränkung dieser Freiheiten, sie wird sich aber unter allen Umständen der prinzipiellen Diktatur, d. h. dem totalitären Staat entziehen und entgegensetzen. Der mündige Christ kann nur ein mündiger Bürger sein wollen und er kann auch seinen Mitbürgern nur zumuten, als mündige Menschen zu existieren.

19.

Die Christengemeinde ist die Gemeinde derer, die als Glieder an dem einen Leib des einen Hauptes diesem ihrem Herrn und eben damit einander *verbunden* und *verplichtet* sind. Daraus folgt, daß sie die politische Freiheit und also das dem einzelnen Bürger zu garantierende Grundrecht nie anders – das ist in den klassischen Proklamationen der sogenannten «Menschenrechte» sowohl in Amerika wie in Frankreich nicht eben deutlich geworden – als im

Sinn der von ihm geforderten Grundpflicht der Verantwortlichkeit verstehen und interpretieren wird. Verantwortlich ist der Bürger also sowohl in der politischen wie in der nicht politischen Sphäre seiner Entscheidungen und Betätigungen, im ganzen Bereich seiner Freiheit. Und verantwortlich ist selbstverständlich auch die Bürgergemeinde in der Wahrnehmung ihrer Freiheit als Ganzes. So überbietet die christliche Haltung sowohl den Individualismus als auch den Kollektivismus. Sie kennt und anerkennt die «Interessen» des Einzelnen und des Ganzen, aber sie widersetzt sich ihnen, wo sie das letzte Wort haben wollen, sie unterordnet sie dem Sein des Bürgers, dem Sein der Bürgergemeinde vor dem Recht, über das die Einzelnen wie das Ganze nicht zu herrschen, sondern nach dem sie zu fragen, das sie zu finden, dem sie – immer zur Begrenzung und Bewahrung des Menschen – zu dienen haben. /

20.

Als die Gemeinde derer, die unter dem einen Herrn auf Grund einer Taufe in einem Geist in einem Glauben leben, muß und wird die Christengemeinde im politischen Bereich bei aller nüchternen Einsicht in die Verschiedenheit der Bedürfnisse, Fähigkeiten und Aufträge für die *Gleichheit* der Freiheit und Verantwortlichkeit aller als mündig anzusprechenden Bürger, d. h. für ihre Gleichheit vor dem sie alle verbindenden und verpflichtenden Gesetz, für ihre Gleichheit in der Mitwirkung an dessen Zustandekommen und Durchführung, für ihre Gleichheit in der durch dieses Gesetz gesicherten Begrenzung und Bewahrung eintreten. Liegt es gerade nach christlicher Erkenntnis im Wesen der Bürgergemeinde, daß diese Gleichheit durch keine Verschiedenheit des Glaubens- oder Unglaubensbekenntnisses beschränkt sein kann, so darf und muß wieder auf Grund christlicher Einsicht um so bestimmter darauf hingewiesen werden, daß nicht nur die Beschränkung der politischen Freiheit und Verantwortlichkeit gewisser Stände und Rassen, sondern vor allem auch die der Frauen eine willkürliche Konvention ist, die der Konservierung wirklich nicht würdig sein kann. In der Folgerichtigkeit christlicher Erkenntnis wird es auch in dieser Sache nur eine mögliche Entscheidung geben.

21.

Indem die Christengemeinde in ihrem eigenen Raum weiß um die *Verschiedenheit* der Gaben und Aufträge des einen Heiligen Geistes, wird sie auch im politischen Raum wach und offen sein für die Notwendigkeit, die verschiedenen Funktionen und «Gewalten» – die gesetzgebende, die vollziehende, die richterliche – insofern zu *trennen* als die Träger der einen nicht zugleich die der anderen sein können. Kein Mensch ist ein Gott, der die Funktionen des Gesetzgebers und des Regenten, die des Regenten und die des Richters ohne Gefährdung der Souveränität des hier wie dort zu respektierenden Rechtes in seiner Person zu vereinigen vermöchte. Auch das «Volk» ist kein solcher Gott, wie ja auch die Christengemeinde gerade nicht etwa in / ihrer Gesamtheit ihr eigener Herr und Inhaber aller seiner Gewalten ist. Sondern hier wie dort ist es so, daß im Volk (durch das Volk und für das Volk) bestimmte und nun eben verschiedene und also auch von verschiedenen Personen zu versehende Dienste auszurichten sind, deren Vereinigung in einer menschlichen Hand die Einheit des gemeinsamen Werkes nicht etwa fördern, sondern sprengen würden. Die Christengemeinde wird der Bürgergemeinde vorangehen in der Erkenntnis der in dieser Sache zu respektierenden Notwendigkeit.

22.

Die Christengemeinde lebt von der Enthüllung des wahren Gottes und seiner Offenbarung, von ihm als dem *Licht*, das in Jesus Christus dazu aufgeleuchtet ist, damit es die Werke der Finsternis zerstöre. Sie lebt am angebrochenen Tage des Herrn, und ihre Aufgabe der Welt gegenüber besteht darin sie zu wecken und ihr zu sagen, daß dieser Tag angebrochen ist. Die notwendige politische Entsprechung dieses Sachverhalts besteht darin, daß die Christengemeinde die abgesagte Gegnerin aller Geheimpolitik und Geheimdiplomatie ist. Was grundsätzlich geheim sein und bleiben wollte, das könnte auch in der politischen Sphäre nur das Unrecht sein, während das Recht sich eben dadurch vor dem Unrecht auszeichnet, daß es in seiner Aufrichtung, Behauptung und Durchführung an das Licht der Öffentlichkeit drängt. Wo Freiheit und Verantwortlichkeit im Dienst der Bürgergemeinde Eines sind, da kann und muß vor *Aller* Ohren geredet, vor *Aller* Augen gehandelt werden, da können und müssen der Gesetzgeber, der Regent und der Richter – ohne sich das Heft durch das Publikum verwirren zu lassen, ohne von diesem abhängig zu werden – grundsätzlich nach allen Seiten zur Rechenschaft bereit sein. Die Staatskunst, die sich ins Dunkel hüllt, ist die Kunst des Staates, der als anarchischer oder tyrannischer Staat das böse Gewissen seiner Bürger oder seiner Funktionäre zu verbergen hat. Die Christengemeinde wird ihm darin auf keinen Fall Beistand leisten. /

23.

Die Christengemeinde sieht sich begründet und genährt durch das freie – in der heiligen Schrift zu jeder Zeit aufs neue seine Freiheit bewährende – *Wort* Gottes. Und sie traut es in ihrem eigenen **Raum** dem menschlichen Worte zu, dieses freien Wortes Gottes freier Träger und Verkündiger zu sein. Sie muß das Gleichnis wagen, dem freien menschlichen Wort auch im Raum der Bürgergemeinde eine Verheißung, eine positive aufbauende Bedeutung zuzuschreiben. Sie kann hier nicht grundsätzlich mißtrauisch sein, da sie dort (mit guten Gründen) so vertrauensvoll ist. Sie wird damit rechnen, daß Worte nicht notwendig leer oder unnütz oder gar gefährlich sein müssen, sondern daß durch rechte Worte Entscheidendes geklärt und zurechtgebracht werden kann. Sie wird darum – auf die Gefahr hin, daß dann auch leere, unnütze, gefährliche Worte laut werden können – dafür eintreten, daß es dem rechten Wort jedenfalls an Gelegenheit, laut und gehört zu werden, nicht fehlt. Sie wird dafür eintreten, daß man in der Bürgergemeinde miteinander redet, um miteinander zu arbeiten. Und sie wird dafür eintreten, daß das offen geschehen kann. Sie wird mit aller Macht auf der Seite derjenigen sein, die mit allem Dirigieren, Kontrollieren und Zensurieren der öffentlichen Meinungsäußerung nichts zu tun haben wollen. Sie kennt keinen Vorwand, unter dem das doch eine gute Sache und keine «*Lage*», in der dies doch geboten sein könnte!

24.

In der Christengemeinde wird in der Nachfolge Christi selbst nicht geherrscht, sondern *gedient*. Sie kann darum auch in der Bürgergemeinde alles Herrschen, das nicht als solches ein Dienen ist, nur als einen Krankheits- und nie und nimmer als den Normalzustand anerkennen. Es gibt keinen Staat ohne Staatsgewalt. Aber die Gewalt des rechten Staates unterscheidet sich von der des unrechten wie potestas und potentia. Potestas ist die dem Recht folgende und dienende, potentia ist die dem Recht vorangehende, das Recht meisternde, beugende und brechende Gewalt – die «Macht an sich», die als solche / schlechthin böse ist. Bismarck – um von Hitler gar nicht zu reden – war (trotz des Losungsbüchleins auf seinem Nachttisch!) darum kein vorbildlicher Staatsmann, weil er den Staat grundsätzlich von oben nach unten, weil er sein Werk auf die «Macht an sich» aufbauen und begründen wollte. Das letzte Ende dieses allzu konsequent unternommenen Versuchs konnte kein anderes sein als das, das dann gekommen ist. Hier gilt: «Wer das Schwert nimmt, wird durch das Schwert umkommen.» Die christliche Staatsraison weist genau in die entgegengesetzte Richtung.

25.

Indem die Christengemeinde von Hause aus *ökumenisch* (katholisch) ist, widersteht sie auch im Politischen allen abstrakten Lokal-, Regional- und Nationalinteressen. Sie wird immer je dieser und dieser Stadt Bestes suchen. Sie wird das aber nie tun, ohne gleichzeitig über ihre Mauern hinauszusehen. Sie wird sich der Äußerlichkeit, Relativität und Vorläufigkeit gerade ihrer Grenzen, gerade der Absonderung ihrer Aufgaben von der anderer Städte bewußt sein. Sie wird grundsätzlich immer für Verständigung und Zusammenarbeit im größeren Kreis eintreten. Gerade die Kirche wird also für eine bloße Kirchturmpolitik zu allerletzt zu haben sein. Pacta sunt servanda? Pacta sunt concludenda! auch die Bürger hier und die Bürger dort müssen sich miteinander ins Einvernehmen setzen, wenn ihre Sache hier und dort Bestand haben und nicht in die Brüche gehen soll. In der Christengemeinde hat man auch in dieser Hinsicht die Luft der Freiheit geschmeckt, und von ihr aus müssen sie auch die Anderen zu schmecken bekommen.

26.

In der Christengemeinde weiß man um Gottes Zorn und Gericht, aber auch darum, daß der Zorn nur einen Augenblick währt, seine *Gnade* aber in Ewigkeit. Die politische Analogie dieser Wahrheit besteht darin: Gewaltsame Konfliktslösungen in der Bürgergemeinde – von den Maßnahmen der Polizei bis / zu den Entscheidungen der Strafjustiz, von der – nicht im Aufruhr gegen die rechtmäßige «Obrigkeit», sondern zu deren Wiederherstellung unternommenen – bewaffneten Erhebung gegen ein bestimmtes, unrechtmäßig gewordenes, seiner Aufgabe nicht mehr würdiges und gewachsenes Regiment bis zum Verteidigungskrieg gegen die von außen kommende Bedrohung des rechten Staates sind unter gegebenen Umständen auch von der Christengemeinde – wie sollte gerade sie sich hier desolidarisieren können? – gut zu heißen, zu unterstützen und u. U. sogar anzuregen. Sie kann aber jede gewaltsame Konfliktslösung nur als ultima ratio regis gelten lassen. Sie wird sie nur gutheißen und unterstützen, wo sie sich als augenblicklich letzte unvermeidliche Möglichkeiten aufdrängen. Und sie wird diese Augenblicke der Erschöpfung aller anderen Möglichkeiten – indem sie warnt, solange es noch andere Möglichkeiten gibt – immer soweit als möglich hinauszuschieben und zu vermeiden bemüht sein. Für einen absoluten Frieden, den Frieden um jeden Preis, kann sie nicht eintreten. Sie muß und wird aber dafür eintreten, daß für die Erhaltung oder Wiederherstellung des Friedens im Innern und nach außen außer dem letzten, der in der Aufhebung und Zerstörung des rechten Staates und damit in der praktischen Verleugnung der göttlichen Anordnung bestehen würde, kein Preis als zu hoch angesehen wird. Sie erweise sich, bevor sie sich den Ruf nach der Gewalt zu eigen macht, als erfinderisch im Aussuchen anderer Konfliktslösungen! Die Vollkommenheit des himmlischen Vaters, der als solcher nicht aufhört, auch der himmlische Richter zu sein, verlangt, wo sie erkannt ist, nach der irdischen Vollkommenheit einer wirklich bis an die Grenzen des Menschenmöglichen gehenden Friedenspolitik.

27.

Das sind einige *Beispiele* christlich politischen Unterscheidens, Urteilens, Wählens, Wollens, Sicheinsetzens: Beispiele von Gleichnissen, Entsprechungen, Analogien des in der Christengemeinde geglaubten und verkündigten Reiches Gottes im Raum der äußerlichen, relativen, vorläufigen Fragen des Le/bens der Bürgergemeinde. Der Weg von hier nach dort verlangt auf der ganzen Linie christliche, geistliche, prophetische Erkenntnis. Die aufgezählten Vergleichs- und Entscheidungspunkte sind also nicht die Paragraphen einer Staatsverfassung. Sie wollen nur illustrieren, wie von der Christengemeinde her im Raum der Bürgergemeinde entschieden wird. Man könnte, um das Wesentliche sichtbar zu machen, auch doppelt oder dreifach oder auch nur halb so viele solche Beispiele oder auch nur ein einziges nehmen. Es wurden *Beispiele* genannt, weil die gleichnishafte, aber höchst konkrete Beziehung zwischen der christlichen Botschaft und bestimmten politischen Entscheidungen und Verhaltungsweisen sichtbar zu machen war. Noch konkreter könnte nur in Form von Nennung und Begründung einzelner geschichtlich bestimmter Stellungnahmen geredet werden. Und es wurden diesmal *viele* Beispiele genannt, weil sichtbar zu machen war, daß es sich in der christlichen Politik zwar nicht um ein System, aber auch nicht um je und dann zu realisierende Einzeleinfälle, sondern um eine stetige Richtung, um eine kontinuierliche Linie doppelseitiger Entdeckungen, um einen Zusammenhang von Explikationen und Applikationen handelt. Die hier gebotene Reihe solcher Explikationen und Applikationen ist also selbstverständlich nach allen Seiten ergänzungsbedürftig. Und es liegt im Wesen der hier genannten oder sonst zu nennenden Vergleichs- und Entscheidungspunkte, daß die Übersetzungen und Übergänge von dort nach hier im Einzelnen immer diskutabel, mehr oder weniger einleuchtend sein werden, daß das, was dazu zu sagen ist, den Charakter von unverbesserlichen Beweisen nicht tragen kann. Man überbiete also das hier Gesagte durch größere Weite, Tiefe und Genauigkeit! Man wird dabei bestimmt gewahr werden, daß man auf diesem Weg durchaus nicht etwa Alles und Jedes begründen und ableiten kann. Die Eindeutigkeit der biblischen Botschaft wird nämlich dafür sorgen, daß auch ihre Explikationen und Applikationen sich in einer stetigen Richtung und in einer kontinuierlichen Linie bewegen müssen. Was grundsätzlich sichtbar zu machen war und ist, ist die Möglichkeit und Notwendigkeit des Vergleichs der beiden Räume und der in diesem Vergleich vom ersten Raum hinüber in den zweiten zu vollzehenden Entscheidungen. /

28.

Eine Anmerkung zu der Stetigkeit und Kontinuierlichkeit der hier aufgewiesenen Richtung und Linie des christlichen politischen Denkens und Handelns: Wir haben nicht von einer Konzeption des «Naturrechts», sondern vom Evangelium her argumentiert. Es kann aber nicht geleugnet werden, daß wir uns in der Reihe der aufgezählten Beispiele an mehr als einem Punkt in der Sache mit Aufstellungen berührt haben, die anderwärts nun doch auch schon *naturrechtlich* begründet worden sind. Wer sich da und dort an *J. J. Rousseau* erinnert und sich darüber gefreut oder geärgert haben sollte, dem sei das gegönnt. Wir brauchen uns der Nachbarschaft nicht zu schämen. Wir sahen ja: die göttliche Anordnung hinsichtlich des Staates macht es durchaus möglich, daß es in seinem Bereich auch da zu sachlich richtigen theoretischen und praktischen Erkenntnissen und Entscheidungen kommen kann, wo man angesichts der trüben Quelle, aus der sie stammen, lauter Irrtümer und Fehltritte erwarten müßte. Sollten wir uns mit naturrechtlich begründeten Thesen im Ergebnis hier wirklich getroffen haben, so würde darin nur eine Bestätigung dessen zu erblicken sein, daß die Polis sich auch da im Reiche Jesu Christi befindet, wo ihre Träger diesen Sachverhalt nicht kennen oder nicht wahr haben wollen und darum von der dem Menschen von daher nahegelegten Erkenntnis ihres Wesens keinen Gebrauch zu machen wissen. Wie sollte es unmöglich sein, daß es da ihrer Blindheit zum Trotz auch zu sachlich richtigen Einsichten kommen kann und je und je gekommen ist? Die heidnische Bürgergemeinde lebt davon, daß eine solche Führung der Blinden ihren Bestand und ihre Funktionen immer wieder möglich gemacht hat. Die Christengemeinde aber kann und darf ihr das Zeugnis ihrer reell begründeten, bestimmt umrissenen, folgerichtig anwendbaren Einsicht darum erst recht nicht vorenthalten.

29.

Noch eine Anmerkung zu der Stetigkeit und Kontinuierlichkeit jener Richtung und Linie: Man mag (wieder mit Vergnü /gen oder Verdruß) auch dies bemerken, daß die christlich-politische Richtung und Linie, die sich vom Evangelium her ergibt, eine auffallende Neigung nach der Seite verrät, die man gemeinhin und allgemein als die des *demokratischen* Staates zu bezeichnen pflegt. Wir werden uns auch in dieser Hinsicht wohl hüten, einen offenkundigen Tatbestand in Abrede zu stellen. «Demokratie» in irgend einem technischen (schweizerischen, amerikanischen, französischen usw.) Sinn des Begriffs ist zwar sicher nicht notwendig die Gestalt des im christlichen Sinn rechten Staates. Dieser von jenen Vergleichs- und Entscheidungspunkten her gesehen rechte Staat kann auch die Gestalt der Monarchie oder der Aristokratie, er mag gelegentlich sogar die der Diktatur tragen. Umgekehrt ist keine Demokratie als solche davor geschützt, in vielen oder allen jenen Vergleichs- und Entscheidungspunkten zu versagen, nicht nur nach der Seite der Anarchie, sondern auch nach der der Tyrannei zu entarten und also zum Unrechtsstaat zu werden. Man kann und muß auch zugestehen, daß das Wort und der Begriff «Demokratie» («Volksherrschaft») ein ohnmächtiges Mittel ist, um das auch nur annähernd zu bezeichnen, was es nach christlicher Einsicht mit der der göttlichen Anordnung entsprechend konstituierten und existierenden Bürgergemeinde auf sich hat. Es ist darum doch nicht zu übersehen und zu leugnen, daß das christlich-politische Unterscheiden, Urteilen, Wählen, Wollen, Sicheinsetzen auf der ganzen Linie eine Tendenz auf die Gestalt des Staates hat, die in den sogenannten «Demokratien» wenn nicht verwirklicht, so doch mehr oder weniger ehrlich und deutlich gemeint und angestrebt ist. Man muß, wenn man Alles überblickt, schon sagen: es hat jedenfalls eine stärkere Tendenz nach dieser als nach irgend einer anderen Seite. Es gibt schon eine *Affinität* zwischen der Christengemeinde und der Bürgergemeinde der *freien* Völker!

30.

Wir wenden uns zum Schluß zu der Frage nach der *praktischen Verwirklichung* der christlich-politischen Entscheidungen.
Es liegt nahe, hier zunächst an die Bildung und Tätigkeit einer besonderen christlichen *Partei* zu denken. Man hat in / Holland schon lange, man hat dann auch in der Schweiz (Ev. Volkspartei), und man hat neuerdings besonders in Frankreich (Mouvement Républicain Populaire) und Deutschland (Christlich-Demokratische Union) nach diesem Mittel gegriffen. Man hat es von evangelischer Seite für möglich und geboten erachtet, sich zu diesem Zweck mit entsprechend interessierten römisch-katholischen Mitbürgern zusammenzuschließen. Nun sind aber die Parteien ohnehin eines der fragwürdigsten Phänomene des politischen Lebens: keinesfalls seine konstitutiven Elemente, vielleicht von jeher

krankhafte, auf jeden Fall nur sekundäre Erscheinungen. Ist die Christengemeinde wohl beraten, wenn sie zur Erfüllung ihrer Mitverantwortung in der Bürgergemeinde diese Gebilde um ein weiteres vermehrt? Gibt es in christlicher Sicht eine andere «Partei» im Staat als eben – die christliche Gemeinde selber mit ihrem allerdings besonderen Sinn und Auftrag dem Ganzen gegenüber? Und könnte in christlicher Sicht als politische Entsprechung der Kirche im Staat (wenn diese die Form einer Partei haben sollte) etwas Anderes erlaubt und möglich sein als – man erschrecke nur ein wenig! – eine einzige, alle anderen ausschließende Staatspartei, deren Programm mit der umfassend verstandenen Aufgabe des Staates (unter Ausschluß aller Sonderideen und Sonderinteressen) identisch sein müßte? Wie soll es eine besondere christliche Partei neben anderen geben? Eine Partei, der dann manche Christen angehören, manche andere nicht angehören – eine Partei, der andere, nicht-christliche (und in ihrer Nicht-Christlichkeit von der christlichen Partei theoretisch und praktisch als legitim anerkannte) Parteien gegenüberstehen? Als ob die christliche Gemeinde nicht alle ihre Glieder mit dem gleichen letzten Ernst für ihre eigene politische Richtung und Linie in Anspruch nehmen müßte und als ob sie den Nicht-Christen in der Bürgergemeinde durch die ihnen entgegengestellte Zusammenballung von angeblichen Christen geradezu erlauben dürfte, sich ihrerseits als Nicht-Christen zur Durchsetzung ihrer der christlichen geradezu entgegengesetzten Richtung und Linie ebenfalls zusammenzuballen, zu versteifen und zu befestigen! Ihr muß doch alles daran liegen, daß die Christen sich im politischen Raum, wo sie die alle Menschen angehende christliche Botschaft im Gleichnis ihrer von daher begründeten Entscheidungen zu ver / treten und hörbar zu machen haben, gerade *nicht* zusammenballen, sich gerade als die zeigen und verhalten, die, indem sie ihren besonderen Weg gehen, nicht *gegen* Irgendwelche, sondern schlechterdings *für* Alle, für die gemeinsame Sache der ganzen Bürgergemeinde sind. Im politischen Raum kann ja die Christengemeinde gerade das Christliche, nämlich ihre Botschaft, gar nicht direkt, sondern eben nur im Spiegel ihrer politischen Entscheidungen sichtbar machen und können diese Entscheidungen nicht dadurch, daß sie christlich begründet, sondern allein dadurch, daß sie politisch besser, zur Erhaltung und zum Aufbau des Gemeinwesens faktisch heilsamer sind, einleuchtend gemacht und zum Sieg geführt werden. Sie können hier nur Zeugnis *sein* und als solches *wirken*. Der Titel und Anspruch, daß sie ein solches Zeugnis seien, macht sie aber noch nicht dazu! Wird es nicht notwendig so sein, daß einer christlichen Partei gerade das Christliche, für das sie im politischen Raum gar keine Verwendung haben kann, zur Verlegenheit werden muß?

Und wird es nicht so sein, daß sie es durch die Ziele und Mittel, deren sie um ihrer Schlagkraft als Partei willen bedarf (Erringen von Mehrheiten und Machtpositionen, darum Propaganda, darum wohlwollende Duldung ja Heranziehung von nicht-christlichen oder christlich problematischen Mitläufern oder auch Führern, darum Kompromisse und Koalitionen mit «nicht-christlichen» Parteien usw.) geradezu verleugnen, es jedenfalls verdunkeln statt erhellen wird? Wird diese Partei die Christengemeinde und ihre Botschaft nicht notwendig gerade mit ihrer Christlichkeit auf Schritt und Tritt kompromittieren? Im politischen Raum können nun einmal die Christen gerade mit ihrem Christentum nur *anonym* auftreten. Nur indem sie jenen politischen Kampf für die Belange der Kirche führen würden, könnten sie diese Anonymität durchbrechen, um dann doch gerade mit diesem sehr unchristlichen Kampf dem Christennamen erst recht Unehre zu machen. In den eigentlich politischen, den Aufbau der Bürgergemeinde als solcher betreffenden Fragen können sie nur in Form von Entscheidungen antworten, die nach Form und Inhalt auch die anderer Bürger sein könnten, ja von denen sie geradezu wünschen müssen, daß sie ohne Rücksicht auf deren Bekenntnis auch die aller anderen Bürger werden möchten. Wie soll es aber unter diesen Umständen eine / Sammlung der Christen in einer Partei überhaupt geben können? Die Sache ist nur möglich – und die ohnehin verdächtige Allianz der Evangelischen mit den Römischen im französischen MRP und in der deutschen CDU zeigt, daß sie auch nur erfolgreich wird, wo das Reich Gottes nun doch wieder als naturrechtlich begründetes menschliches Hochziel verstanden, wo neben das Evangelium in der politischen Sphäre ein angeblich christliches, in Wirklichkeit aus humaner Weltanschauung und Moral zusammengeleimtes Gesetz gestellt wird. Gerade repräsentiert durch eine christliche Partei kann die Christengemeinde der Bürgergemeinde das politische Salz nicht sein, das zu sein sie ihr schuldig ist.

31.

Die ihr zur Leistung dieser ihrer Schuldigkeit schlicht gebotene Möglichkeit ist ihre eigenste: die Verkündigung des ganzen *Evangeliums* von Gottes Gnade, die als solche des ganzen – auch des politischen – Menschen ganze Rechtfertigung ist. Dieses Evangelium, dessen Inhalt der König und sein jetzt verborgenes, einst zu offenbarendes Reich ist, ist von Haus aus politisch, und wenn es in Predigt, Unterricht und Seelsorge in rechter Auslegung der heiligen Schrift und in rechter Anrede an den wirklichen (christlichen und nicht-christlichen) Menschen verkündigt wird, notwendig prophetisch-politisch. Explikation und Applikation in jenen Vergleichs- und Entscheidungspunkten in einer mit keiner anderen zu verwechselnden Richtung und Linie wird da – ob in direkter oder indirekter Beleuchtung der politischen Tagesfragen – notwendig stattfinden, wo die Christengemeinde zum Dienst an diesem Evangelium versammelt ist. Die Frage, ob dies geschieht, richtet sich auch, sie richtet sich aber nicht nur an ihre Prediger. Es ist kein gutes Zeichen, wenn die Gemeinde scheut und erschrickt, wenn die Predigt politisch wird: als ob sie auch apolitisch sein könnte, als ob sie als apolitische Predigt nicht bewiese, daß sie weder Salz noch Licht der Erde ist! Die ihrer politischen Verantwortlichkeit bewußte Gemeinde wird es wollen und verlangen, daß die Predigt politisch werde; sie wird sie politisch verstehen, auch wenn sie mit keinem Wort «politisch» wird! Sie trage wirklich nur dafür / Sorge, daß das ganze Evangelium in ihrem eigenen Bereich wirklich verkündigt werde. Für die heilsame christlich-politische Beunruhigung des weiteren Bereichs der Bürgergemeinde wird dann sicher reichlich gesorgt sein.

32.

Die Christengemeinde handelt auch dann im Sinn und in den Grenzen ihres Auftrags und ihrer Kompetenz, wenn sie durch den Mund ihrer presbyterialen und synodalen Organe in wichtigen Situationen des politischen Lebens durch besondere *Eingaben* an die Behörden oder durch öffentliche *Proklamationen* sich zu Worte meldet. Sie wird diese Situationen gut auswählen und sie wird ihre Worte zugleich sehr bedächtig und sehr bestimmt setzen müssen, um gehört zu werden. Sie wird nicht den falschen Eindruck erwecken dürfen, als erwache sie immer erst dann aus dem Schlafe einer im übrigen apolitischen Existenz, wenn wieder einmal die Lotterie oder der Alkoholmißbrauch oder die Sonntagsentheiligung oder ähnliche im engeren Sinn «religiös-sittliche» Fragen zur Diskussion stehen, als ob diese nicht doch bloß den äußersten Rand des eigentlichen politischen Lebens bildeten. Sie sehe auch zu, daß sie nicht regelmäßig zu spät, d. h. erst dann auf den Plan trete, wenn ihre Stellungnahmen kein besonderes Risiko mehr bedeuten, aber auch keine besondere Wirkung mehr haben können. Und sie sehe vor allem zu, daß nicht das Bild von der Kirche als der Vertreterin einer bestimmten klassenmäßig bedingten Weltanschauung und Moral sich immer aufs neue verfestige, die ohnehin getreuen Anhänger dieses Gesetzes noch weiter verhärte und das Kopfschütteln derer errege, die in diesem Gesetz nun einmal kein ewiges Gesetz zu erkennen vermögen. Das Alles gilt sinnvoll auch für die mit mehr oder weniger kirchlicher Autorität oder schließlich auch ohne solche ausgeübte christliche *Journalistik* und *Schriftstellerei.* Sie sehe zu, daß sie sich rechtschaffen in den Dienst der Christengemeinde an der Bürgergemeinde, in den Dienst des für alles Volk bestimmten Evangeliums und nicht in den Dienst irgendwelcher christlicher Schrullen stelle! /

33.
Vielleicht der entscheidende Beitrag der Christengemeinde im Aufbau der Bürgergemeinde besteht darin, daß sie ihre eigene Existenz, ihre Verfassung und Ordnung theoretisch und praktisch dem gemäß gestaltet, daß sie, die direkt und bewußt um jenes gemeinsame Zentrum versammelt ist, den inneren Kreis innerhalb des äußeren darzustellen hat. Der rechte Staat muß in der rechten Kirche sein Urbild und Vorbild haben. Die Kirche *existiere* also *exemplarisch,* d. h. so, daß sie durch ihr einfaches Dasein und Sosein auch die Quelle der Erneuerung und die Kraft der Erhaltung des Staates ist. Ihr Predigen und Proklamieren des Evangeliums wäre umsonst, wenn ihr Dasein und Sosein, ihre Verfassung und Ordnung, ihre Regierung und Verwaltung nicht praktisch dafür sprächen, daß jedenfalls hier, in diesem engeren Kreis vom Evangelium her gedacht, gehandelt, disponiert wird, daß man hier tatsächlich direkt und bewußt um das gemeinsame Zentrum versammelt und nach ihm hin ausgerichtet ist. Wie soll die Welt die Botschaft vom König und seinem Reich glauben, wenn die Kirche vielleicht durch ihr Tun und Verhalten zu erkennen gibt, daß sie selbst gar nicht daran denkt, sich in ihrer eigenen inneren Politik an dieser Botschaft zu orientieren? Wie soll es zu einer Reformation des Volkes kommen, wenn es die Spatzen von den Dächern pfeifen, daß die Kirche doch nur in der Restauration – oder nicht einmal in der Restauration! – begriffen ist? Es sind unter jenen theologisch-politischen Vergleichs- und Entscheidungspunkten nicht viele, die nicht auch und zuerst im Leben und im Aufbau der Kirche selbst Beachtung verdienten und noch lange nicht Beachtung genug gefunden haben. Was für ein Unfug, wenn z. B. in einem Land und Volk, das heute die Elemente von Recht, Freiheit, Verantwortlichkeit, Gleichheit usw., die Elemente der Demokratie von Grund aus zu erlernen hat, ausgerechnet die Kirche immer noch hierarchischer, immer noch bureaukratischer sich zu gebärden für nötig hält und in einer Situation zum Hort des Nationalismus wird, wo gerade sie sich als heilige, allgemeine Kirche darstellen und damit auch die deutsche Politik aus einem alten Engpaß herauszuführen helfen dürfte! Die Christengemeinde darf nicht vergessen: sie redet / gerade in der Bürgergemeinde am unmißverständlichsten durch das, was sie *ist.*

34.

Wenn sie Christengemeinde ist, dann bedarf sie keiner christlichen Partei. Sie versieht dann nicht nur mit ihrem Wort und mit ihrer Existenz alle die Funktionen, die in dem unglückseligen Unternehmen einer solchen Partei offenbar das Gemeinte sind. Es wird dann auch nicht an den einzelnen *Christen* fehlen, die in jener Anonymität, in der sie im politischen Raum allein auftreten können, im Sinn der christlichen Richtung und Linie tätig und damit anspruchslose Zeugen der auch dort allein heilsamen Christusbotschaft sind. Nicht daß sie «feine, fromme Menschen» sind, wird dort ihren Ruhm ausmachen, sondern schlicht dies, daß sie von ihrem besonderen Ort aus besser als andere der Stadt Bestes zu suchen wissen. Nicht die Anwesenheit und Mitwirkung «christlicher Persönlichkeiten» ist ja das, was der Bürgergemeinde hilft. Wir denken nochmals an Bismarck: Nehmen wir einmal an, daß er so etwas wie die «christliche Persönlichkeit» gewesen sei, als die er von der Legende beschrieben wird; was aber hat das an der fatalen Richtung seiner Politik geändert? was hat das dem armen Deutschland schon helfen können? Was im politischen Raum hilft, was Christen hier helfen können, ist dies, daß sie der Bürgergemeinde in der christlichen Richtung immer wieder Anstoß, auf der christlichen Linie Bewegungsfreiheit geben. Man sage nicht, daß ihrer zu Wenige seien und daß diese Wenigen in ihrer Vereinzelung «nichts ausrichten» könnten. Was könnte und kann hier tatsächlich schon ein Einziger, der ganz bei der Sache ist! Und nicht nach dem, was sie ausrichten können, sondern nach dem, wozu sie durch Gottes Gnade gefordert sind, sind die Christen auch in dieser Sache gefragt. Was hat es auf sich, wenn sie vereinzelt sind und wenn sie – da es nun einmal Parteien gibt – in verschiedenen und also, wie es sich gehört, in einer der verschiedenen «nicht-christlichen» Parteien stehen? Sie werden die Parteiprogramme, die Parteidisziplinen, die Parteisiege und Parteiniederlagen, in die sie dabei verwickelt werden, so ernst und so humoristisch nehmen, wie es diese Sache verdient. Sie werden in jeder / Partei gegen die Partei für das Ganze und gerade so im primären Sinn politische Menschen sein. Sie werden also an verschiedenen Orten, ob bekannt oder unbekannt, ob mit oder ohne besondere Querverbindung, beieinander – nun auch als Staatsbürger beieinander sein und in gleicher Weise unterscheiden und urteilen und also nichts Verschiedenes, sondern das Eine wählen und wollen, für Eines sich einsetzen. Die Christengemeinde liefere der Bürgergemeinde solche Christen, solche Bürger, solche im primären Sinn politische Menschen! In ihrer Existenz vollzieht sich dann ihre politische Mitverantwortung auch in der direktesten Form.

35.

Der mehrfach angeführte fünfte Satz der «Theologischen Erklärung» von Barmen sei nun auch noch im Zusammenhang in Erinnerung gerufen:

«Die Schrift sagt uns, daß der Staat nach göttlicher Anordnung die Aufgabe hat, in der noch nicht erlösten Welt, in der auch die Kirche steht, nach dem Maß menschlicher Einsicht und menschlichen Vermögens unter Androhung und Ausübung von Gewalt für Recht und Frieden zu sorgen. Die Kirche erkennt in Dank und Ehrfurcht gegen Gott die Wohltat dieser seiner Anordnung an. Sie erinnert an Gottes Reich, an Gottes Gebot und Gerechtigkeit und damit an die Verantwortung der Regierenden und Regierten. Sie vertraut und gehorcht der Kraft des Wortes, durch das Gott alle Dinge trägt.»

Ich bin der Meinung, das Thema «Christengemeinde und Bürgergemeinde» im Sinn dieses Satzes und also im Sinn der Bekennenden Kirche in Deutschland behandelt zu haben. Es würde Einiges anders stehen, wenn sie selbst diesem Element jener Erklärung rechtzeitig eine größere Aufmerksamkeit geschenkt hätte. Aber es kann nicht zu spät sein, nun eben heute mit neuem, durch die Erfahrung vertieften und verstärkten Ernst darauf zurückzukommen.

EVANGELIUM UND GESETZ

I.

Über „*Gesetz* und *Evangelium*" würde ich nach der unter uns fast selbstverständlich gewordenen Formel zu sprechen haben. Ich möchte aber sofort darauf aufmerksam machen, daß ich nicht über „Gesetz und Evangelium", sondern über „*Evangelium* und *Gesetz*" sprechen werde. Die traditionelle Reihenfolge „Gesetz und Evangelium" hat an ihrem Ort, den wir noch bezeichnen werden, ihr gutes Recht. Richtunggebend für das Ganze der hier zu umreißenden Lehre darf sie gerade nicht sein. Es verhält sich nämlich so, daß, wer wirklich und ernstlich zuerst Gesetz und dann erst und unter Voraussetzung dieses zuerst Gesagten, Evangelium sagen würde, beim besten Willen nicht vom Gesetz *Gottes* und darum dann sicher auch nicht von *seinem* Evangelium reden würde. Von Zweideutigkeiten aller Art wird dieser übliche Weg auch im glücklichsten Falle umwittert sein.

Wer zu unserem Thema recht reden will, der muß zuerst vom *Evangelium* reden. Denken wir hier sofort an jene 430 Jahre Abstand, in dem das Gesetz nach Gal. 3, 17 der Verheißung folgte. Es *muß* ihr folgen, aber es muß ihr *folgen*. Und indem es ihr folgt, folgt ihm selber die *Erfüllung* der Verheißung und in ihr, nur in ihr, auch seine eigene, des Gesetzes Erfüllung. Das Gesetz wäre nicht das Gesetz, wenn es nicht geborgen und verschlossen wäre in der Lade des *Bundes*. Und auch das Evangelium ist nur dann das Evangelium, wenn das Gesetz, das „zwischenhineingekommene" (Röm. 5, 20) in ihm, als in der Bundeslade *geborgen* und *verschlossen* ist. Das Evangelium ist nicht Gesetz, wie das Gesetz nicht Evangelium ist; aber weil das Gesetz im Evangelium, vom Evangelium her und auf das Evangelium hin ist, darum müssen wir, um zu wissen, was Gesetz ist, allererst um das Evangelium wissen und nicht umgekehrt.

Aber wir müssen sofort präzisieren: wer zu unserem Thema recht reden will, der muß zuerst vom *Inhalt* des Evangeliums, von Gottes *Gnade* reden. Wir sind uns einig darin: — wie könnten wir vor der heiligen Schrift eine andere Aussage verantworten? — wenn wir vom Evangelium *und* wenn wir vom Gesetz reden, meinen wir Gottes Wort. Gottes Wort kann uns nun freilich vielerlei sagen: es kann uns nicht nur trösten, heilen, lebendig machen, es kann uns nicht nur belehren und erleuchten, es kann uns auch richten, strafen, töten; und es tut tatsächlich das alles. Aber übersehen wir hier dreierlei nicht:

1. Das Wort Gottes ist das eine „Wort der Wahrheit", das Wort des „Vaters des Lichtes, in welchem ist keine Veränderung noch Wechsel des Lichtes und der Finsternis" (Jak. 1, 17 f.). Die Entgegenstellung von Evangelium und Gesetz bezeichnet nach der Schrift wohl eine Zweiheit. Sie kann auch einen Streit bezeichnen. Aber größer als ihre Zweiheit und ihr Streit ist ihr Frieden in dem einen Wort dieses Vaters.

.2. Das Wort Gottes erweist seine Einheit darin, daß es immer *Gnade*, d. h. freie, ungeschuldete und unverdiente göttliche Güte, Barmherzigkeit und Herablassung ist, wenn es uns gesagt wird und wenn wir es hören dürfen. Ein Evangelium oder ein Gesetz, das wir uns selbst, kraft unseres eigenen Vermögens und im Vertrauen auf unsere eigene Autorität und Glaubwürdigkeit gesagt hätten, wäre als solches nicht *Gottes* Wort; es wäre nicht *sein* Evangelium und es wäre auch nicht *sein* Gesetz. Daß Gott mit uns redet, das ist unter allen Umständen schon an sich Gnade.

3. Das Wort Gottes bewährt diese seine Form darin, daß es auch inhaltlich, was es auch sage, eigentlich und letztlich *Gnade* ist: *freie; souveräne* Gnade, *Gottes* Gnade, die darum auch Gesetz sein, die auch Gericht, Tod und Hölle bedeuten kann, aber *Gnade* und nichts sonst. Jeder scheinbar andere Inhalt, den wir ihm zuschreiben könnten, erweist sich angesichts des alttestamentlichen Weissagungszeugnisses sowohl wie angesichts des neutestamentlichen Zeugnisses von der Erfüllung als eingeschlossen in diesen, als relativ zu diesem Inhalt, zu Gottes Gnade. Ein Wort Gottes

mit einem wirklich anderen Inhalt wäre als solches jedenfalls nicht ein Wort des dreieinigen Gottes, den die heilige Schrift verkündigt. Hören wir dieses Gottes Wort, dann hören wir: Gnade. — Eben weil nun das *Evangelium* die Gnade zu seinem *besonderen direkten* Inhalt hat, der dann auch den Inhalt des Gesetzes in sich schließt, erzwingt es sich die *Priorität* vor dem Gesetz, das doch, eingeschlossen ins Evangelium und relativ zu ihm, nicht minder Gottes Wort ist.

Wir müssen also vor allem von diesem Inhalt des Evangeliums reden. Gottes *Gnade,* die dieser Inhalt ist — in dem auch das Gesetz eingeschlossen ist, wenn es wirklich *Gottes* Wort und Gesetz ist — sie heißt und ist *Jesus Christus.* Denn das ist Gottes Gnade, daß das ewige Wort Gottes *Fleisch ward.* Fleisch heißt: wie unsereiner. Gottes Wort verwandelte sich nicht in Fleisch. Wie wäre das Gnade, wenn Gott aufhörte, Gott zu sein, selbst wenn er das könnte? Was für eine Barmherzigkeit würde er uns damit erweisen? Nein, das Wort *ward* Fleisch, das heißt: ohne aufzuhören, Gott zu sein, nahm es zu seinem Gottsein hinzu und in sich auf zu unauflöslicher, aber auch unvermischter Einheit mit sich selber unser Menschsein, und zwar wohlverstanden: unser Menschsein in seiner durch die Sünde verfinsterten und zerstörten Gestalt, also nicht um der Kraft und Würde oder einer anderen Eignung des Menschseins, sondern um seines eigenen Wohlgefallens, um seiner unbegreiflichen Liebe willen und des zum Zeichen: aus Maria der Jungfrau. Das ist Gottes Gnade: daß es nicht nur unser aller Menschsein gibt, sondern in Jesus Christus Gottes eigenes Menschsein, das Menschsein seines Wortes und in ihm, in dieser seiner Erniedrigung zu unserer Niedrigkeit die Gegenwart seines Gottseins für uns Andere, unser Anteil an seinem Gottsein, unsere Erhebung zu ihm. — Und nun hat dieses ewige Wort Gottes, indem es Fleisch trug, *ertragen* die Not, den Fluch, die Strafe, die den Menschen als Fleisch stempelt und charakterisiert. Diese Strafe ist Gottes Antwort auf des Menschen Sünde. Die Sünde besteht in der Eigenmächtigkeit, die Eigenmächtigkeit ist aber die Gottlosigkeit. Daß Eigenmächtigkeit Gottlosigkeit ist, kommt an den Tag in des Menschen Abscheu und Flucht eben vor der Gnade Gottes. Gottes Antwort auf die Sünde — auch sie ist Gnade — ist unser Sein als

Fleisch: wir müssen sterben. Würden wir diese Antwort *hören*, so wäre sie unsere *Rettung*. Wir würden dann, bedenkend, daß wir sterben müssen (Ps. 90, 12), in Erkenntnis unserer Verlorenheit als das Volk, das Gras ist (Jes. 40, 7), Buße tun und, getötet in unserer Eigenmächtigkeit, das ewige Leben erben. Damit er sich bekehre von seinem Wesen und lebe, darum und nur darum will Gott den Tod des Gottlosen (Hesek. 18, 21 f. u. Par.). Aber wer hört diese Antwort? Wer anerkennt sie? Wer beugt sich ihr? Wir alle nicht! Gottes Gnade stößt schon hier auf unseren Haß der Gnade. Das aber ist der Gnade eigentliches Werk, daß sein ewiges Wort — indem es Fleisch wurde, indem es im Fleische Gehorsam bewährte, indem es in diesem Gehorsam die Strafe litt und also starb — es übernommen hat, an unserer Stelle die rettende Antwort zu geben, die menschliche Eigenmächtigkeit und Gottlosigkeit preiszugeben, das Bekenntnis der menschlichen Verlorenheit abzulegen, Gott gegen uns recht zu geben und also die Gnade Gottes anzunehmen. Dies ist es, was Jesus Christus „die ganze Zeit seines Lebens auf Erden, sonderlich aber am Ende desselben" für uns getan hat. Er hat ganz einfach *geglaubt*. (πίστις 'Ιησοῦ Röm. 3, 22; Gal. 2, 16 u. s. f. ist sicher als Gen. subj. zu verstehen!) Und in diesem Glauben hat er — nicht etwa zuerst uns ein Vorbild gegeben (das hat er freilich auch getan!), sondern zuerst und vor allem stellvertretend unsere Strafe getragen. Das ist Gottes Gnade: daß unser Menschsein nicht nur, sofern es das unsrige ist, gerichtet und verloren ist um unserer Sünde — um unserer immer neuen Sünde! — willen, sondern zugleich, sofern es das Menschsein Jesu Christi ist, von Gott gerechtfertigt und angenommen *im* Gericht und *in* der Verlorenheit, weil Jesus Christus — es brauchte das ewige Wort Gottes dazu — glaubte, d. h. zur Gnade und also zu dem Gerichtetsein und Verlorensein des Menschen nicht Nein, sondern Ja sagte. — Es ist aber der reale Vollzug dieser Rechtfertigung und Annahme unseres Menschseins die *Auferstehung* Jesu Christi von den *Toten*. Gottes ewiges Wort in seiner Einheit mit dem Fleische ist nicht nur die Verheißung, sondern die Erfüllung der Verheißung: daß die Buße des Menschen seine Errettung sei, daß der Gerechte seines Glaubens *leben* wird. Darum, weil er Knechtsgestalt annahm und also und darin gehorsam war bis zum Tode, darum hat Gott ihn *erhöht* (Phil. 2, 6 f.). In ihm, dem Einen und Einzigen, der Gottes Gnade als Gnade gelten ließ im Fleische — weil er das ewige Wort war, das Fleisch geworden — in ihm *triumphierte* und *offenbarte* sie sich nun auch als Gnade. Der den Tod annahm als der Sünde Sold — und eben darin seine Sündlosigkeit bewährte — ihn konnte der Tod nicht halten, dessen Leben mußte den Tod *verschlingen* und *hat* ihn verschlungen. Und das ist Gottes Gnade, daß wir als das Ende alles Menschseins, sofern es das unsrige ist, wohl nichts anderes vor uns sehen als die Altersschwäche, das Krankenhaus, das Schlachtfeld, den Friedhof, die Verwesung oder die Asche — sofern es aber zugleich das Menschsein Jesu Christi ist, ebenso bestimmt, nein noch viel bestimmter, nichts als Auferstehung und ewiges Leben.

Also: Gottes Gnade — seine Gnade für unser Menschsein, die Güte, Barmherzigkeit und Kondeszendenz, in der er unser Gott ist und als solcher sich unser annimmt — ist Jesus Christus, er selber und er ganz allein. Er selber und er ganz allein ist also der Inhalt des Evangeliums. Gnade und also der Inhalt des Evangeliums besteht darum schlicht darin: daß Jesus Christus mit seinem in seiner Geburt angenommenen, in seinem Tode als gehorsam bewährten, in seiner Auferstehung verherrlichten Menschsein — er selber und er ganz allein — für uns mit unserem Menschsein eintritt. Er *kann* es, weil er nicht nur wie unsereiner, sondern Gottes Sohn und also selber Gott und also selber der Richter ist, vor dem er die Verantwortung für uns übernimmt. Und er *tut* es, weil es sein unergründliches Wohlgefallen ist, von seiner Gottesmacht diesen Gebrauch zu machen, den Gebrauch einer Liebe, die auf keine Gegenliebe wartet, die auch keine Gegenliebe findet, die uns nur und die uns immer und auf alle Fälle als freie und reine Liebe begegnet. — Der Stand und Gang des *Menschen* unter der Gnade ist danach zu bestimmen als der Stand und Gang eines solchen, für dessen Menschsein Jesus Christus mit seinem angenommenen, gehorsamen und verherrlichten Menschsein *eintritt* und zwar, weil der Mensch selber und von sich aus zum Glauben gar keine Willigkeit noch auch Fähigkeit hat, *ganz und gar* eintritt, so also, daß des Menschen eigenes Menschsein, wie Paulus gern sagt, tot ist, lebendig aber nur, indem er „in Christus" ist, d. h., indem Jesus Christus sein

Subjekt geworden ist. „Ich bin mit Christus gekreuzigt. Ich lebe, aber nun nicht ich, sondern Christus lebt in mir. Denn was ich jetzt lebe im Fleisch, das lebe ich in dem Glauben des Sohnes Gottes (ganz wörtlich zu verstehen: ich lebe — nicht etwa in meinem Glauben an den Sohn Gottes, sondern darin, daß der Sohn Gottes glaubte!), der mich geliebt hat und hat sich selbst für mich dargegeben" (Gal. 2, 19 f.). Der Stand und Gang des Menschen unter der Gnade ist also darzustellen mit den alttestamentlichen Worten: „Wer unter dem Schirm des Höchsten sitzt und unter dem Schatten des Allmächtigen bleibt, der spricht zu dem Herrn: Meine Zuversicht und meine Burg, mein Gott, auf den ich hoffe" (Ps. 91, 1). Daß er in der Gemeinschaft der Heiligen ist, daß er Vergebung seiner Sünden empfangen hat, empfängt und empfangen wird, daß er der Auferstehung des Fleisches und dem ewigen Leben entgegeneilt, das glaubt er, aber das steht real nicht, das steht real auch nicht teilweise bei seinem Glauben, beim Sieg seines Glaubens — das steht real allein darin, daß der Herr Jesus Christus, für uns ein Mensch geboren, für uns gestorben, für uns auferstanden, auch sein Herr, seine Zuversicht, seine Burg, sein Gott ist. Jesus Christus, er selber und er allein ist die einem solchen Menschen geschenkte Gnade.

II.

Wir haben nun, an zweiter Stelle, vom *Gesetz* zu reden. Das Gesetz ist nicht das Evangelium, wie das Evangelium nicht das Gesetz ist, haben wir gesagt. Wir müßten der ganzen heiligen Schrift widersprechen, wenn wir hier nicht unterscheiden wollten. Wir können aber nach dem Gesagten auch nicht vom Evangelium zum Gesetz hinüberblicken als zu einem Zweiten neben und außer dem Evangelium. Wir müßten wieder der ganzen heiligen Schrift widersprechen, wenn wir hier trennen wollten. Wenn wir den einen und den andern Fehler vermeiden wollen, werden wir jetzt ausgehen müssen von dem unzweifelhaften Zeugnis der Schrift, daß *Jesus Christus* (von dem wir hörten: er ist die Gnade, er ist der Inhalt des Evangeliums) dem Gesetz genug getan, das Gesetz erfüllt, das heißt durch Gehorsam gegen seine Gebote gehalten hat. Von dieser Tatsache, daß Jesus Christus, indem er die „erschienene Gnade Gottes" (Tit. 2, 11) war, zugleich die Gebote des Gesetzes gehalten hat, werden wir, wenn es um die Definition des Gesetzes geht, auf keinen Fall abstrahieren dürfen; wir werden vielmehr von ihr auszugehen haben. Sie wird nicht nur das Kriterium bilden, an dem wir alle von uns selbst gebildeten Gesetzes- und Normbegriffe zu messen haben. Sie wird auch der Kanon sein müssen zur Interpretation alles dessen, was uns im Alten und Neuen Testament als Gesetz begegnet: das Entscheidende, das eigentlich Gemeinte in jedem großen oder kleinen, inneren oder äußeren Gebot haben wir abzulesen aus der Erfüllung, die jedes von ihnen in Jesus Christus gefunden hat.

„Das Gesetz ist der offenbare Wille Gottes." Die Definition ist richtig. Aber wo ist der Wille Gottes offenbar? Gewiß ist Gott der Schöpfer aller Dinge und also der Herr alles Geschehens. Er und sein Wille und also das Gesetz sind uns aber nicht in allen Dingen, nicht in allem Geschehen offenbar, so offenbar nämlich, daß unsere Erkenntnisse davon mehr und etwas Anderes zu sein beanspruchen könnten als unsere eigenen Theorien und Deutungen. Wenn auch das Gesetz *Gottes Wort* ist, wenn es aber *Gnade* ist, daß Gottes Wort laut und hörbar wird und wenn Gnade nichts anderes heißt als: *Jesus Christus,* dann ist es nicht nur unsicher und gefährlich, sondern verkehrt, das Gesetz Gottes aus irgend einem Ding, aus irgend einem Geschehen ablesen zu wollen, das verschieden ist von dem Geschehen, in welchem uns der Wille Gottes, den Schleier unserer Theorien und Deutungen zerreißend, formal und inhaltlich als Gnade sichtbar wird. Das ist aber das Geschehen des Willens Gottes zu Bethlehem, zu Kapernaum und Tiberias, in Gethsemane, auf Golgatha, im Garten des Joseph von Arimathia. Indem uns dieses Geschehen des Willens Gottes, also das Geschehen seiner Gnade *offenbar* wird, wird uns das *Gesetz* offenbar. Wir lesen aus dem, was Gott hier *für* uns tut, ab, was Gott *mit* uns und *von* uns *will.* Seine Gnade gilt ja *uns,* sie geht uns ja an. Auch und gerade in seiner Gnade bekundet er ja, daß er wohl für uns und an uns handelt, aber für und an *uns* als seinen Geschöpfen in der relativen aber realen Unterschiedenheit ihres geschöpflichen von seinem schöpferischen Dasein und Wesen. Sein Handeln kreist nicht in sich selbst, sondern es zielt hin auf *unser* Handeln, auf eine Konformität unseres Handelns mit dem seinigen. „Ihr sollt — genauer und richtiger: *ihr werdet* — vollkommen sein, wie euer himmlischer Vater vollkommen ist" (Matth. 5, 48). Die Gnade kann gar nicht Menschen offenbar werden, ohne daß sie diesen Anstoß bedeutet, sie bewegt in dieses Futurum: ihr werdet sein! Ja, die Offenbarung der Gnade *ist* als solche dieser Anstoß. Gilt der Indikativ: „daß ich nicht mein, sondern meines getreuen Heilandes Jesu Christi eigen bin", dann ist eben dies sein Gelten die Aufrichtung der *10 Gebote* samt ihrer Auslegung in der *Bergpredigt* samt ihrer Anwendung in den *apostolischen Weisungen*. Die Gnade braucht bloß unter uns kund zu werden, sei es ursprünglich im Glauben aller biblischen Zeugen, sei es als Weissagung und Erwartung durch die Propheten, sei es als Erinnerung und Verkündigung durch die Apostel, so bedeutet eben dies ihr Kundwerden die Aufrichtung des *Gesetzes*. Durch das *Gesetz* und die *Propheten* wird die göttliche Rechtfertigung der insgemein sündigen Menschen durch den Glauben Jesu Christi nach Röm. 3, 21 bezeugt. Die Proklamation des Bundes verheißener Gnade zwischen Gott und Israel geschieht als Promulgation der göttlichen *Gebote*. Aber Aufruf zur Kirche, und das heißt: zum *Gehorsam* des Glaubens (Röm. 1, 5) ist auch der Sinn des auf die geschehene Erfüllung schon zurückblickenden Apostolats des Neuen Testamentes, weshalb denn auch die Ablehnung seiner Botschaft entscheidend als Ungehorsam bezeichnet wird (Röm. 10, 21; 11, 30; 15, 31). Und als Prediger der *Buße* steht Johannes der Täufer mit seinem Hinweis auf den gegenwärtigen Messias sehr angemessen in der Mitte zwischen Mose und Paulus. „Du wirst sein!", „Ihr werdet sein!", das und also Gottes Gesetz ist es, was sie alle in der ihnen zuteil gewordenen Offenbarung der Gnade — gleichviel ob sie ihnen Zukunft, Gegenwart oder Vergangenheit bedeutet — vernommen haben und als ihr Zeugnis von dieser Offenbarung weitergeben. Gottes Gesetz, ein ganz bestimmter, fordernder, beanspruchender Gotteswille tritt aber auch in der *Kirche*, konkret in ihrer Predigt, in ihren Sakramenten, in ihrem Bekenntnis, denen, die in der Kirche sind, entgegen. Wie könnte die Herrschaft Jesu Christi verkündigt werden, ohne daß die Verkündigung als solche *Gehorsams*forderung wäre, wie die Inkarnation anders denn als Gebot der *Selbstverleugnung*, wie das Kreuz Christi anders denn als Befehl, ihm *nachzufolgen* und das eigene Kreuz auf sich zu nehmen, wie seine Auferstehung anders denn als unter der Mahnung der altkirchlichen Osterperikope 1. Kor. 5, 7 f.: „Darum *feget den alten Sauerteig aus, auf daß ihr ein neuer Teig seid!*" Eben der Glaube an den articulus stantis et cadentis ecclesiae, an das Wort von der Rechtfertigung des Sünders durch die im Blut Christi geschehene Versöhnung bedeutet *Reinigung, Heiligung, Erneuerung* oder er bedeutet gar nichts, er ist Unglaube, Irrglaube, Aberglaube. „An dem merken wir, daß wir ihn kennen: so wir seine Gebote halten. Wer da sagt: ich kenne ihn und hält seine Gebote nicht, der ist ein Lügner und in solchem ist keine Wahrheit" (1. Joh. 2, 4 f.). Ja, und auch die Kirche wäre nicht die Kirche, wenn nicht schon in ihrer Existenz, aber auch in ihrer Lehre und Haltung das Gesetz Gottes, seine *Gebote*, seine *Fragen*, seine *Mahnungen*, seine *Anklagen* sichtbar und greifbar würden auch für die Welt, für Staat und Gesellschaft, wenn nicht gerade die Botschaft von des dreieinigen Gottes Gnade nach den drei Glaubensartikeln, die ganz allein die Aufgabe der Kirche bildet, als solche zum prophetischen Zeugnis *für* den Willen Gottes *wider alle* sündige Überhebung, *wider alle* Gesetzlosigkeit und Ungerechtigkeit der Menschen würde. — Man kann also wohl allgemein und umfassend sagen: das Gesetz ist nichts anderes als die notwendige *Form des Evangeliums,* dessen Inhalt die Gnade ist. Gerade dieser Inhalt erzwingt diese Form, die Form, die nach Gleichform ruft, die gesetzliche Form. Gnade heißt, wenn sie offenbar, wenn sie bezeugt und verkündigt wird, Forderung und Anspruch an den Menschen. Gnade heißt, wenn an Jesus Christus, den Kommenden oder den Gekommenen geglaubt, wenn sein Name gepredigt wird: das Amt des Mose und Elia, des Jesaia und Jeremia, das Amt des Täufers, des Paulus, des Jakobus. Gnade heißt, indem sie zum Aufruf zur Gnade wird: Kirche, die es wagt und wagen muß, mit Autorität zu reden.

So also ist das *Gesetz im Evangelium* wie die Tafeln vom Sinai in der Bundeslade: so, daß das *Evangelium* immer als offenbares, als verkündigtes, als den Menschen angehendes *im Gesetz,* in der Krippe und in den Windeln der Gebote, des Gebotes und Gebietens Gottes ist. Darum nennt Paulus das Gesetz mit letztem Ernst heilig und seine Gebote heilig, recht und gut (Röm. 7, 12). Darum verwahrt er sich dagegen, daß es gegen die Verheißungen Gottes sei (Gal. 3, 21). Darum sagt er, daß es uns vielmehr zum Leben gegeben sei (Röm. 7,10). Darum erklärt er (im Einklang mit den bekannten Worten der Bergpredigt Matth. 5, 17 f.), daß die Verkündigung des Glaubens nicht die Aufhebung, sondern die Aufrichtung des Gesetzes bedeutet (Röm. 3, 21). Darum bezeichnet er sich selbst — und das, wohlverstanden, gerade in seiner Eigenschaft als Heidenapostel, als ἔννομος Χριστοῦ (1. Kor. 9, 21). Darum kann er mit dürren Worten und gar nicht hypothetisch sagen, daß nur die Täter des Gesetzes gerechtfertigt sein werden (Röm. 2, 13). Es bricht also der Lobpreis des Gesetzes, wie er der Christusbotschaft des Alten Testamentes eigentümlich ist, wahrlich auch in der des Neuen Testamentes keineswegs ab. Wie sollte er auch? Man hat den Unterschied von Evangelium und Gesetz mit dem von Himmel und Erde, mit dem von Tag und Nacht verglichen. Gut! Auch die Unterscheidung von Inhalt und Form bezeichnet einen unendlichen Unterschied. Aber was bedeutet dieser Unterschied? Einen Unterschied von mehr oder weniger, besser oder schlechter oder gar den Unterschied von göttlich und menschlich oder von gut und böse, kann er sicher *nicht* bedeuten! Daß es unter dem Himmel eine Erde gibt, daß der Tag Tag ist in seinem Wechsel mit der Nacht, daß der Inhalt des Evangeliums auch eine Form hat, das ist nicht nur *auch* ein Gotteswerk, sondern nun gerade das Gotteswerk, das dem Evangelium Raum gibt in unserem menschlichen Raum und uns Menschen im Raum des Evangeliums. Wie sollte der Lobpreis angesichts dieses Gotteswerks unterbleiben, wie sollte er je abbrechen können? Nein, der Ruhm des Gesetzes Gottes, wie er etwa im 119. Psalm angestimmt ist, wird in alle Ewigkeiten hinein nicht veralten. Wir würden, obwohl das Gesetz nicht das Evangelium ist, ohne das Gesetz tatsächlich auch das Evangelium nicht haben.

Aber eben zur Beantwortung der Frage: was Gott denn nun mit uns und von uns will in seinem Gesetz? werden wir, wenn wir nicht in die Irre gehen wollen, nun doch wieder in aller Strenge auf den *Inhalt* des Evangeliums, auf die Tatsache, daß

Jesus Christus das Gesetz erfüllt und alle Gebote gehalten hat, zurückkommen müssen. Das Gesetz *bezeugt* ja die Gnade Gottes; darin ist es die Form des Evangeliums; darin ist es Anspruch und Forderung, Bußruf und Prophetie. Damit, daß es uns von Gottes Gnade Zeugnis gibt, sagt es uns: ihr sollt — nein: ihr werdet sein! Gottes Gnade ist aber Jesus Christus, der mit seinem Menschsein für uns eintritt. Er tritt aber damit für uns ein, daß er an unserer Stelle — es brauchte das ewige Wort im Fleische dazu — *geglaubt* und das heißt zu Gottes Herrlichkeit und also zu des Menschen Elend Ja gesagt hat. In diesem seinem Glauben hat er das, was Gott mit dem Menschen und von ihm will, ein für allemal vollbracht, hat er das Gesetz erfüllt und alle Gebote gehalten. Von diesem Glauben, den ganz allein *er* bewährt hat, zeugen, auf ihn zielen alle Gebote. Und darum wird dieser Glaube Jesu Christi, der der Kern und Stern des Evangeliums ist, wenn das Evangelium offenbar wird, jene Form, die nach Konformität verlangt, und damit das Gebot in allen Geboten, das Prinzip unserer Reinigung, Heiligung und Erneuerung, das Eine in Allem, was die Kirche sich selbst und der Welt zu sagen hat. Denn wenn Jesus Christus an unserer Stelle *das* getan hat — was wird dann aus *uns*? Ihr Männer, liebe Brüder, was sollen *wir* dann tun? Diese Frage (und vor unserer Frage schon die Antwort darauf) ist uns vorgelegt und auferlegt mit der ganzen Würde und Gewichtigkeit eben des göttlichen Gesetzes: Ihr werdet *glauben!* Ihr, die ihr andere Götter habt neben mir, die ihr euch Bilder macht von mir, die ihr meinen Namen mißbraucht, den Sabbath schändet, Vater und Mutter ungehorsam seid, tötet, die Ehe brecht, stehlt, falsches Zeugnis redet wider euren Nächsten, begehrt, was sein ist — ihr werdet (und das wird die Negation und Umkehrung von dem allem sein) glauben, *ihr werdet* in Widerspruch zu diesen euren Sünden, im Kampf gegen sie, nein: in ihrer völligen und restlosen Austilgung — denn auch die kleinste Sünde wäre immer noch die ganze, die tödliche Sünde — *Gott fürchten und lieben.* Und dies wird eure Konformität sein mit jener Form des Evangeliums, euer Gehorsam also gegen Gottes Gesetz! Es ist also schon richtig, daß alle Gebote im *ersten* Gebot beschlossen und je als besondere Einschärfungen des ersten Gebotes zu verstehen und zu erklären sind.

Aber was bedeutet nun gerade dieses erste Gebot, wenn wir es nicht anders denn als Form des Evangeliums verstehen dürfen? Was heißt Gott fürchten und lieben? Was heißt glauben? Der Glaube Jesu Christi, in welchem die Gnade geschehen und zugleich das Gesetz erfüllt ist, ist eine einmalige, eine unwiederholbare Tat. Nochmals: es bedurfte des ewigen Wortes im Fleische zu ihrem Geschehen. Ihn nachzuahmen in diesem Glauben und also zu glauben *wie* Jesus Christus glaubte, das werden wir wohl bleiben lassen, so gewiß er Gott ist, wir aber sind Menschen. Wohl aber kann und muß dies der Sinn des ersten Gebotes und also aller Gebote und also unseres Gehorsams gegen Gottes Gesetz sein, daß wir *an* Jesus Christus glauben, daß wir, nachdem das ewige Wort Fleisch geworden, im Fleische Gehorsam bewährt und im Fleische sich verherrlicht hat, seinen stellvertretenden Glauben, den wir nie realisieren werden, anerkennen und gelten lassen als unser eigenes Leben, das wir also nicht hier und nicht für uns, nicht in unserer Hand und zu unserer Verfügung haben, sondern droben, verborgen mit ihm in Gott (Kol. 3, 1 f.). Daß wir in diesem ganz bestimmten Sinn „trachten nach dem, was droben ist", das ist es, worum es geht, wenn die Gnade, wenn der Inhalt des Evangeliums uns angeht, wenn es offenbar wird und also annimmt die Form des Gesetzes. „Das Gesetz ist geistlich" (Röm. 7, 14), d. h. aber: sein Sinn und seine Meinung ist dieses Aufgehobensein unseres Lebens mit Christus. Das ist's, was Gott von Israel wollte mit der ersten wie mit der zweiten Tafel des Dekalogs, mit den Opfer-, Speise- und Reinheitsgeboten, mit der Verfassung als Volkskirche oder Kirchenvolk, die er ihm als „Schatten zukünftiger Dinge" gegeben hat. Das ist's, was Jesus von seinen Jüngern wollte, wenn er ihnen geboten hat: Liebet eure Feinde! Habt acht auf euer Almosen! Sorget nicht! Richtet nicht! Das ist's, was die Apostel von ihren Gemeinden wollten, wenn sie sie ermahnt haben zur Liebe, zur Einigkeit, zur Reinheit, zum täglichen Ablegen des alten Menschen. Nur das kann auch der Sinn und Inhalt der Autorität sein, mit der die Kirche ihren Gliedern und der Welt gegenübertritt. Es geht immer um den Glauben an Jesus Christus, den Gekreuzigten und Auferstandenen. Es kann also nie Ansprüche und Anforderungen geben, die anderswoher oder die in sich selber

Gesetzeskraft hätten: es kann nur *Zeugnisse* geben. Und diese Zeugnisse werden immer der *Gnade Gottes* gelten, die alles für uns vollbracht hat und bei deren Vollbringen es sein Bewenden haben muß. Damit, daß sie *das* sagen, werden diese Zeugnisse *mahnen, warnen, befehlen, gebieten* und *verbieten*. Sie werden Gesetzeskraft haben, weil und sofern sie das „Gesetz Christi" (Gal. 6, 2) und also das „Gesetz des Glaubens" (Röm. 3, 21) und also das „Gesetz des Geistes des Lebens" (Röm. 8, 2) verkündigen. Und das Gesetz und alle seine Gebote werden von uns gehalten und erfüllt, wenn sie bei uns Glauben finden, den Glauben an Jesus Christus, das heißt den Glauben, der sich an ihn hält und bei ihm bleibt, einfach darum, weil er das ewige Wort im Fleische ist, das alles vollbracht hat. In diesem Glauben ist aller Gehorsam beschlossen. Unsere Werke groß und klein, innerlich und äußerlich, sind angenommen, wenn sie als Werke dieses Glaubens — sie sind verworfen, wenn sie nicht als Werke dieses Glaubens geschehen. Hier müssen wir vorläufig Halt machen. Denn eben dieser Glaube, der sich Jesus Christus recht sein läßt als seinen Stellvertreter, ist das Werk und Geschenk des Heiligen Geistes, das wir uns nicht nehmen, um das wir nur bitten können.

III.

Wir haben im bisherigen von der *Wahrheit* des Evangeliums und des Gesetzes in ihrem gegenseitigen Verhältnis geredet. Nur von daher ist nämlich ihre *Wirklichkeit*, von der nun noch besonders zu reden ist, einzusehen.

Wir haben jetzt darauf zu achten: was es bedeutet, daß das Evangelium sowohl wie das Gesetz — oder also: der Inhalt und die Form des Evangeliums in *unsere,* der *Sünder* Hände gegeben sind.

Daß wir Sünder sind und was das heißt: Sünder sein, das wird durch Gottes Gnade, indem sie offenbar wird (und also durch das Gesetz) unwiderleglich und unzweideutig ans Licht gestellt. Wir mögen die *Tiefe* unserer Sünde daran ermessen, daß nicht weniger als Gottes ewiges Wort sich unserer in dieser Tiefe annehmen und zwar so annehmen mußte, daß es an unsere Stelle trat, uns allein den Glauben und zwar den Glauben an ihn, der das Werk und Geschenk des Heiligen Geistes ist, zuweisend! Eben damit wird aber auch das *Wesen* der Sünde enthüllt, gegen die Gott in Jesus Christus streitet, deren Vergebung er uns in Jesus Christus bereitet hat. Ist diese Vergebung darin begründet, daß Gott selbst, an unsere Stelle tretend, für uns tut, was vor ihm recht ist, dann besteht unsere Sünde darin, daß wir für uns selbst zwar nicht eintreten können, wohl aber eintreten *wollen*. Die Sünde besteht in der Eigenmächtigkeit, haben wir bereits gesagt, und insofern in der Gottlosigkeit, als Gott wesentlich gnädig ist, eben unsere Eigenmächtigkeit aber, unsere Abwehr der Gnade und unsere Selbstbehauptung gegenüber Gott unsere Gottesferne bezeugt und bedeutet.

Indem sich Gott unser annimmt in der Gabe des Evangeliums und des Gesetzes, legt er diese Gabe in unsere Hände, in die Hände von uns Eigenmächtigen, die, dem Sinn und der Bestimmung dieser Gabe zuwider, durchaus für sich selbst eintreten, weil sich selbst behaupten möchten. Was werden wir damit anfangen, wir, die wir mit allem und jedem durchaus „etwas anfangen" wollen? Man merke wohl: Gott legt seine Gabe *trotzdem* in unsere Hände und sie ist und bleibt trotzdem, trotz der mehr als fragwürdigen Reinheit unserer Hände, *seine* Gabe. Was dieses „trotzdem" positiv bedeutet, das soll im vierten Teil dieses Vortrags zur Sprache kommen. Es bedeutet aber zunächst etwas *Negatives*. Und dieses Negative bildet den Hintergrund, von dem sich das Positive abheben muß, um als solches erkennbar zu werden. Von ihm ist jetzt also zuerst zu reden.

Es liegt in der Natur der Sache, daß es sich hier vor allem um unser Verfahren mit dem *Gesetz* Gottes handelt. Gottes Gnade hat ja, indem sie zu uns kommt, die Form des Gesetzes, des Gebotes, der Forderung, des Anspruchs. Was wird daraus, wenn wir, wir Sünder, diesen Anspruch vernehmen? Paulus hat darauf besonders im 5. und 7. Kapitel des Römerbriefes die grundsätzliche Antwort gegeben: Unsere Sünde bedient sich des Gesetzes wie eines Sprungbrettes (ἀφορμή Röm. 7, 8. 11) und erst, indem sie sich auf diese Weise Macht gewinnt (Röm. 5, 20), indem sie

„überaus sündig" wird (Röm. 7, 13), indem sie mit dem Mißbrauch gerade des Gesetzes sozusagen ihr Meisterstück liefert, gerade das Gute, gerade das Beste in sein Gegenteil verkehrend (Röm. 7, 13), einen Betrug mit ihm verübend (Röm. 7, 11), feiert sie ihre Auferstehung (Röm. 7, 8 f.), wird sie als „in uns wohnende Sünde" (Röm. 7, 20) als sündiges „Gesetz in unsern Gliedern" (Röm. 7, 23) aktiv und erkennbar (Röm. 7, 7). Was ist, verglichen mit ihr die Sünde des Menschen, dem Gottes Gesetz *nicht* begegnet ist? Paulus hat sie, wie Röm. 1, 18 f. zeigt, wahrhaftig ernst genommen. Und doch muß er sie geradezu „tot" nennen (Röm. 7, 8) neben der Sünde, deren der dem Gesetze Gottes begegnende Mensch sich schuldig macht. In ihr erst wird die Sünde in ihrem Wesen sichtbar und verständlich. — Was ist es aber mit diesem Riesenbetrug, den die Sünde mittelst des Gesetzes begeht? Paulus antwortet: Er besteht darin, daß die Sünde gerade angesichts des Gesetzes mit seinem „Laß dich nicht gelüsten!" das Gelüste, das Begehren in uns aufschießen läßt. Man darf sich durch die mit dem Analogon des klassischen nitimur in vetitum ... sich einstellenden Assoziationen nicht verführen lassen, dieses „Begehren" moralistisch zu deuten. Was wir moralisch unter „Begehren" verstehen, insbesondere die sexuelle Libido, an die die Auslegung der Kirche hier allzu schnell und allzu eifrig gedacht zu haben scheint, gehört im Sinn des Paulus sicher noch zu den Auswirkungen jener gewiß ernst zu nehmenden, aber im Vergleich zu dem, worum es hier geht, „toten" Sünde. Das Gesetz, von dem Paulus redet, ist ja *geistlich*, und so muß es auch bei dem Betrug, den die Sünde verübt, indem sie jenes Begehren des Verbotenen erweckt, genau so wie bei dem Betrug der Schlange in der Geschichte des ersten Sündenfalles, um einen Betrug gerade hinsichtlich des *geistlichen* Charakters des Gesetzes gehen. Worin er besteht, das entnehmen wir einer anderen Stelle, wo Paulus nunmehr konkret von den durch die Sünde mit dem Gesetz Betrogenen redet. Er sagt nämlich von den Juden, die Christus gekreuzigt haben und bis auf diesen Tag verwerfen: „Sie haben den Eifer um Gott, aber mit Unverstand; indem sie nämlich die Rechtfertigung durch Gott verkannten und ihre eigene aufzurichten sich bemühten, unterwarfen sie sich der Rechtfertigung durch Gott nicht. *Christus* ist ja das Ziel des Gesetzes zur Rechtfertigung" (Röm. 10, 2 f.). Das also ist das Begehren, das die Sünde angesichts des Gesetzes in uns aufschießen läßt — genau das Begehren jenes Schriftgelehrten, der von Jesus auf seine Frage: „Was muß ich tun, daß ich das ewige Leben ererbe" schlicht an das Gesetz erinnert wurde: „Er aber wollte sich selbst rechtfertigen" (Luk. 10, 29). In der Tat, wer wollte jemals etwas Anderes, wenn ihm Gottes Anspruch begegnet? Eben dieses Begehren ist der menschliche Ungehorsam, in seiner Wurzel aufgedeckt! Denn was geschieht da, wo man, konfrontiert mit Gottes Anspruch, seine eigene Gerechtigkeit aufzurichten sich bemüht? Offenbar dies: daß man aus dem Anspruch Gottes einen eigenen Anspruch macht, den Anspruch nämlich, daß man dem von Gott Geforderten selber genügen wolle und könne. Warum ist das Ungehorsam? Darum, weil Gottes Anspruch Zeugnis ist von der uns verheißenen, von unserer in Christus erfüllten Rechtfertigung durch ihn selber. *Christus* ist ja das Ziel des Gesetzes und zwar zu unserer Rechtfertigung. Dieser Rechtfertigung uns zu unterwerfen, ein Leben in dieser Unterwerfung, das wäre Gehorsam. Eben an ihr schießt unser Begehren vorbei. Warum? Wir *erkennen* nicht, daß das Gesetz unsere Rechtfertigung durch Gott verkündigt. „Bis auf diesen Tag liegt, wenn Moses gelesen wird, die Decke über ihren Herzen" (2. Kor. 3, 15). Warum ist dem so? Warum erkennen wir nicht, was wir doch im Gesetz lesen könnten? Das eben ist der Betrug der Sünde: von Haus aus beschäftigt damit, uns selbst zu behaupten und zu vertreten, verdecken wir uns selbst das Größte, das Entscheidende im Gesetz, den Inhalt, dessen Form es nur ist, die heilende und heiligende Gnade, um unterdessen mit Hilfe seiner Buchstaben, weil sie doch göttliche Buchstaben sind, bemüht, sie alle zu beachten und ihnen nach bestem Wissen und Gewissen gerecht zu werden, uns selbst zu stärken, zu bestätigen, zu erhöhen, als würdige Mitarbeiter Gottes darzustellen. Ganz mit uns selbst beschäftigt, haben wir aus dem göttlichen Du wirst! des Gesetzes das menschlich-allzumenschliche Du sollst! gemacht. Das ist das, was Paulus die „Schwächung des Gesetzes im Fleische" (Röm. 8, 3) oder umgekehrt: das Gesetz als die *Kraft* der Sünde (1. Kor. 15, 56) genannt hat. Von daher, aus diesem Betrug der Sünde der „Unverstand" unseres „Eiferns um Gott"! Man denke nur ja nicht, daß es ein, weil es in *Unwissenheit* begründet und weil es immerhin ein Eifern um *Gott* ist, relativ harmloses und verzeihliches Eifern sei, um seiner Unvollkommenheit willen vielleicht zu bedauern, um seiner guten Absicht willen immerhin auch zu loben. Nein, seine Unwissenheit ist *Ungehorsam* und daß es Eifer um Gott sei, ist *Lüge!* Die *Sünde* triumphiert in diesem Eifern, mehr, unendlich viel mehr als in dem, was wir als Götzendienst, Gotteslästerung, Mord, Ehebruch und Diebstahl zu kennen meinen: unendlich viel mehr darum, weil hier, in seiner Gabe des Gesetzes, in dem mißdeuteten Dekalog, in den mißdeuteten Prophetenworten, in der mißdeuteten salomonischen Lebensweisheit, in der mißdeuteten Bergpredigt und Apostelmahnung Gott selbst zum Anlaß und Vorwand der Sünde gemacht worden ist. Ja, nun stürzt sich der Mensch freilich — mit der ganzen Leidenschaft seiner siegreichen und von Gott sich selbst überlassenen Willkür und zugleich mit der ganzen Leidenschaft seines bösen Gewissens und sicher, ganz sicher der Linie des geringsten Widerstandes folgend — der Eine auf diesen, der Andere auf jenen Buchstaben und Fetzen des Gesetzes: ein Jeder auf den, mit dem er das Geschäft am besten zu machen meint, und ein Jeder mit dem Triumph, daß er es mit seinem Buchstaben und Fetzen in der Hand, früher oder später — vor Menschenaugen wenigstens — zu einer Art Spezialrechtfertigung gerade seiner Existenz bringt. Hier einer blindwütend in die Arbeit. Hier einer in die Pflege eines musterhaften Bürger- und Familienlebens. Hier einer in die Jagd nach „interessanten" Anschauungen, Erlebnissen, Begegnungen und Beziehungen. Hier einer in eine demonstrative Einfachheit und Genügsamkeit. Hier einer in den souveränen Wandel eines zigeunernden Genies. Hier einer in eine zänkische kirchliche Orthodoxie und theologische Akribie. Hier einer in eine ewig lächelnde evangelische Freiheit. Hier einer in eine geschäftige philanthropische oder noch lieber pädagogische Fürsorge für allerlei „lahme Enten" im Umkreis seiner Mitmenschen. Hier einer in ein weitausschauendes Unternehmen der Weltverbesserung im Großen. Hier einer in die feierlichen Schrullen einer Privatexistenz nach gar keinem anderen als seinem höchst individuell eigenen Bilde. Hier einer in eine Gerechtigkeit mit der großen Masse und dem Zug der Zeit. Hier einer raffinierter Weise gerade gegen sie. Und hier einer in den phantastischen Plan, es nun einmal mit der absoluten Ehrlichkeit, der absoluten Reinheit, der absoluten Selbstlosigkeit, der absoluten Liebe zu versuchen. Eitelkeit der Eitelkeiten! Was noch alles? Wohin kann man sich nicht alles stürzen, wenn der Glaube, den Gott in Jesus Christus für sich selbst und für sich allein fordert, einmal übersehen und übergangen ist! Es gibt dann tausend Werke des Gesetzes — des in tausend Fetzen zerrissenen Gesetzes, tausend Knechtschaften, denen wir uns unterziehen, tausend Buchstaben, an deren jedem sich irgend ein Menschlein oder auch viele zugleich anklammern können, ihre eigene Gerechtigkeit daraus zu schlürfen. Wir armen, immer schlürfenden und doch immer wieder durstigen Zecher! Ein harmloses, ein teilweise wohl gar löbliches Begehren? Nein, denn eben aus diesem Begehren geht — in sichtbaren und unsichtbaren Verlängerungen dieser unserer „guten" Bestrebungen das hervor, was diesmal nicht der Mensch, sondern Gott in seinem Gesetz Abgötterei, Gotteslästerung, Mord, Ehebruch und Diebstahl nennt (vgl. Röm. 2, 12 f.). Eben dieses unser Begehren, dieses unser Eifern — um Gott? nein, mit Hilfe und zur Ehre Gottes um unsere eigene Gottlosigkeit — hat *Christus* ans *Kreuz* gebracht und bringt ihn mitten im Christentum (Hebr. 6, 6) immer wieder ans Kreuz. — Sagt das noch nicht genug darüber, was das bedeutet, wenn Gott sein Gesetz in unsere Hände gibt?

Um nun zu verstehen, was darüber aus dem Gesetze wird — es ist und bleibt ja Gottes Gesetz! — müssen wir uns zwischendurch klar machen: was wird darüber aus dem *Evangelium*, das ja des Gesetzes Sinn und Inhalt ist? So geht es natürlich nicht zu, wenn die Sünde uns mit dem Gesetz und damit um das Gesetz betrügt: daß dabei das Evangelium nun etwa gänzlich weggeworfen und vergessen würde. Triumphiert die Sünde doch auch hinsichtlich des Gesetzes nur in seinem Mißbrauch, nicht etwa — wohlweislich nicht etwa in seiner Preisgabe! Und anderseits: So kann es nicht zugehen bei jenem Betrug: daß das Gesetz zwar durch die Sünde mißbraucht, geschändet, verkehrt würde, das Evangelium aber unversehrt bliebe, also die Gnade nach wie vor als Gnade von uns verstanden würde. Nein, mit der Form fällt und verdirbt auch der Inhalt, mit Gottes Gesetz auch Gottes Evangelium. Von dem Volk Israel, das Mose und zwar entscheidend dem ersten Gebot des durch Mose verkündigten Gesetzes nicht gehorchte, das seine Propheten verwarf und steinigte, das schließlich seinen Messias ans Kreuz schlug — von diesem Volk hat Jesaia gesagt, es rede von nichts denn von „Bund" (Jes. 8, 12); es hat von Gottes Gnade, Geduld und Sündenvergebung immer — und am meisten wohl gerade am Tage von Golgatha — *viel* gewußt und gehalten. Die Pharisäer waren lang nicht so pharisäisch, wie wir es uns der Einfachheit halber vorstellen möchten. Haben nicht auch sie dem zukünftigen Zorn entrinnen wollen? (Matth. 3, 7). Haben nicht auch sie Jesus interessiert genug zu Tische geladen? Einen kleinen und unwesentlichen Schritt von ihnen weg stoßen wir schon auf ein Christentum, das hinsichtlich des Gesetzes ebenfalls dem Betrug der Sünde verfallen ist und also, sich selbst rechtfertigen wollend, an das Halten des Größten und Entscheidenden im Gesetz gar nicht mehr denkt und nun dennoch als Gegengewicht und zur Temperierung seines unverständigen Eiferns um Gott auch von der Gnade nicht lassen, auch die Gnade gerne gebrauchen und in seinen Dienst stellen möchte. Aber was heißt hier Gnade? Hier ist aus Jesus Christus, der den Seinen alles schenkt, indem er in der Majestät Gottes selbst an ihre Stelle tritt, ein mythischer Halbgott geworden, der ihnen angeblich Kräfte, eine Art magische Begabung mitteilt, deren Gegenwart sich konstatieren läßt wie die jeder anderen Begabung, mit der zu schalten und zu walten als mit ihrem Besitz sie Freiheit haben, die ihnen vor sich selbst und vor Anderen zum Ruhm gereicht, an der sie eine rechte Hilfe zu haben glauben bei ihrer Bemühung, sich selbst zu behaupten, zu vertreten, zu rechtfertigen, deren sie sich — und darauf kommt es wohl heimlich vor allem an — zu trösten gedenken, wenn es wegen der Unvollkommenheit ihrer Bemühungen zu Enttäuschungen und Stillständen, da und dort wohl auch einfach zum Versagen kommen sollte. Jesus Christus, die unentbehrliche Begleitfigur, der nützliche Hebelarm und schließlich und vor allem der Lückenbüßer bei unserem Bemühen um unsere eigene Rechtfertigung! Jesus Christus, die Personifikation der wunderbaren Ideen, die wir uns zum Zweck dieser Rechtfertigung je nach dem Geist und Geschmack unseres Jahrhunderts zu machen pflegen! Jesus Christus, der große Kreditgeber, der gerade gut genug ist, uns zu unseren eigenen Gerechtigkeitsunternehmungen immer wieder die nötige Deckung zu geben! Dies ist's, was hier aus der Gnade, aus dem Evangelium wird. Im Schatten des Betrugs der Sünde mit dem Gesetz muß aus dem Evangelium unweigerlich *das* werden. Hier wird die Gnade weggeworfen, hier ist Christus umsonst gestorben (Gal. 2, 21). Denn hier wird das Ärgernis, das heilsame Ärgernis des Kreuzes, beseitigt (Gal. 5, 11). Hier ist geradezu Feindschaft gegen das Kreuz (Phil. 3, 18). So hat Paulus von dem im Schatten dieses Betrugs blühenden Christentum geredet. Das ist sicher: „Gottes Kraft zur Errettung" (Röm. 1, 16) wird das so entstellte und verkehrte Evangelium nicht bedeuten können, wenn das entstellte und verkehrte Gesetz uns etwa in die Anfechtung führen sollte, von der nachher zu reden ist. *Dieser* Jesus Christus hat in der Anfechtung, die dem Betrug der Sünde notwendig folgen muß, noch keinem einzigen Menschen auch nur Hilfe oder Trost, geschweige denn Errettung bedeutet.

Und nun läßt sich Antwort geben auf die Frage, was denn bei jenem Betrug der Sünde, wenn unsere Eigenmächtigkeit sich des Gesetzes Gottes bemächtigt, aus diesem wird.

Wir streifen jetzt nur die Tatsache, daß es in dieser Entstellung und Verkehrung jeder *Verfälschung* ausgesetzt ist: Jetzt, nämlich wenn es bei unserem angeblichen Gehorsam gegen das Gesetz um unsere Selbstrechtfertigung geht, mag das Naturrecht, mag eine abstrakte „Vernunft", mag die Geschichte, mögen in diesen letzten betrübten Zeiten die so glücklich erfundenen „Volksnomoi" das Wort ergreifen, um dem Gesetz Gottes den zu diesem Zweck brauchbaren und erwünschten Inhalt zu geben. Wir streifen nur die Tatsache, daß seine Deutung jetzt, wenn Christus nicht sein Ziel sein soll, zwischen einem *Nomismus,* der sich unter diese oder jene Observanzen und Disziplinen beugen zu sollen glaubt, und einem *Antinomismus* der reinen, aller konkreten Forderung und Bindung abholden Innerlichkeit haltlos hin und herschwanken wird. Werkgerechtigkeit sind, wohlverstanden, beide: der

Nomismus und der Antinomismus. Und wir streifen nur die von Paulus Gal. 4, 8 f. hervorgehobene Tatsache, daß der Dienst des der Verheißung beraubten und damit entehrten und entleerten Gesetzes — ohne alle Rhetorik, sondern in konkretestem Ernst gesagt: den Rückfall aus dem Glauben an den einen lebendigen Gott in den armseligen *Elementendienst der Heiden* darstellt. Soll Gott einmal *nicht* mehr Gott sein in seinem Gesetz, dann ist es vielen andern Gesetzen, dann ist er selbst vielen andern Göttern, die es ja auch gibt, nur zu ähnlich geworden und ihn und sein Gesetz mit diesen andern gelegentlich zu vertauschen, wird dann eine reizvolle Sache werden. Wer sich einmal darauf eingelassen hat, sein Leben in dieser oder jener Form von Werkgerechtigkeit in seine eigene Hand zu nehmen, der soll, wenn er klug ist, die ewigen, ehernen, großen Gesetze seines Schicksals, seine kosmisch-siderischen Gegenspieler, nur ja nicht vergessen, er soll den Kalender seiner astrologischen Möglichkeiten für diese Woche und für den nächsten Herbst nur nicht zu weit von der Hand legen. Das gehört nämlich auch zu einem Leben unter dem durch unsere Eigenmächtigkeit entehrten und entleerten Gesetz, daß wir wie böse Buben in Erwartung des Lehrers im Weltraum herumspähen müssen, Ausschau haltend nach dem, was etwa noch über uns kommen möchte und was es etwa für uns bedeuten könnte. Das gehört auch zu diesem unserem Leben, daß uns jener Kalender tatsächlich sehr viel interessanter ist als die Bibel!

Das Alles ist schrecklich genug, aber es ist doch nur Symptom des viel schrecklicheren Gerichtes, das darin begründet ist, daß *Gott seiner* auch in seinem entehrten und entleerten Gesetz *nicht spotten* läßt, daß es Gottes Anspruch an den Menschen bleibt, auch wenn es der Mensch in den Dienst seiner eigenen Ansprüche stellt. Wie, wenn Gott nun dabei bliebe, daß sein Gesetz erfüllt, seine Gebote gehalten sein wollen? Ja, wie sollte er nicht dabei bleiben, wie sollte er, so gewiß er Gott ist, davon weichen können? Und wie, wenn Gott uns nun beim Wort nähme, uns behaftete bei unserem kühnen Plan und Programm, sein Gesetz selbst zu erfüllen und in dieser unserer Erfüllung des Gesetzes selbst für uns einzutreten? Wie, wenn er nun das kleinste seiner Gebote auch nur halbwegs, auch nur zu einem kleinen Teil wirklich von uns selbst gehalten haben wollte? Aber nein: Gott fordert zweifellos ein ganzes Halten aller seiner Gebote. Und nun: *rechtfertige* dich selbst, wenn du eben darin zum vornherein und in Grund und Boden *verurteilt* bist, daß du meinst, dich selber rechtfertigen zu können und zu sollen!! Wir können ein ganzes Leben lang „um Gott eifern mit Unverstand" — und kein Zweifel: wir tun das tatsächlich alle! — dahinter aber steht unbeweglich (in der ganzen Unbeweglichkeit der Gnade Gottes, die in seinem Gesetz offenbar ist!) die Tatsache, daß Gott sich nichts vormachen läßt, daß wir vor ihm samt und sonders erfunden sind als solche, die ihm den Glauben verweigern, um desto sicherer sich selbst meinen und auf sich selbst vertrauen zu können — die Tatsache, daß dies das Gericht über alle unsere uns vermeintlich rechtfertigenden Werke und vor allem über das Werk unseres uns vermeintlich rechtfertigenden Glaubens bedeutet. Denn wenn eines unserer Werke als Sünde gegen das erste Gebot dem Gericht verfallen ist, dann sicher unser vermeintlich bestes: das Werk unseres Glaubens an den Arianer- und Pelagianer-Christus, dem wir die Ehre antun, ihn als unschuldig nützlichen Rand unserer Selbstbehauptung gerade auch noch gelten zu lassen. Steht es aber so mit unserem besten Werk, wie steht es dann mit allen anderen? Das Entsetzliche, was nun — in Entsprechung zu dem Betrug der Sünde — zwischen Gott und dem Menschen wirklich wird, ist oft beschrieben worden. Ich nenne jetzt nur das Ergebnis: Wir haben die Rechtfertigung durch Gott tatsächlich ausgeschlagen. Unsere Selbstrechtfertigung ist uns nicht gelungen, weil sie in sich selbst unmöglich ist. So haben wir keine — keine Rechtfertigung. Wollen habe ich wohl — ja nur zu viel — aber Vollbringen des Guten finde ich nicht — wie sollte ich, da schon mein Wollen als das eines betrogenen Betrügers ein verkehrtes ist? Das ist's, was das Gesetz, das von uns entehrte und entleerte Gesetz, das doch Gottes Gesetz ist und bleibt, uns jetzt zu sagen hat. Und das ist die *Anfechtung:* wenn wir aus dem Rausch unseres kraft der Sünde angesichts des Gesetzes aufgeschossenen Begehrens erwachen und sehen müssen, daß sich am Gesetz und seiner Forderung nichts geändert hat. Wenn wir das wirkliche Gesetz wieder hören und wenn wir nun vielleicht gar nichts anderes mehr hören können als das wirkliche

Gesetz Gottes, das uns *das* zu sagen hat: Wollen hast du wohl, aber Vollbringen des Guten findest du nicht! Deine Sünden nicht nur, nein, deine guten Werke sind sündig, weil, mehr vielleicht als das, was du für deine Sünden hältst, Werke deines Begehrens *gegen* Gott! — dann ist die Anfechtung da. Wir wissen jetzt von Gottes Offenbarung nur dies, daß er uns mit Recht zürnt, daß wir ihm auf tausend Worte nicht eines zu antworten haben, daß wir also verloren, dem Tod und der Hölle verfallen sind. Und was soll nun, da wir mit dem Gesetz auch und gerade die Gnade verscherzt haben, aus uns werden? — Dies ist's, was aus dem Gesetz Gottes in unseren Händen wird: es ist jetzt das „Gesetz der Sünde und des Todes" (Röm. 8, 2), der Vollstrecker des göttlichen Zornes (Röm. 4, 15), das Gesetz, das Paulus — nicht durchgängig aber in der Regel — den „Nomos" nennt, vor dessen Dienst, vor dessen Werken, vor dessen Gerechtigkeit und vor dessen Knechtschaft und Fluch er seine Gemeinden nur aufs eindringlichste warnen kann. Dies ist das Gesetz, dessen „Amt" er 2. Kor. 3, 2 f. ein Amt genannt hat, „das die Verdammnis predigt", ja das „durch die Buchstaben tötet". Dies ist das Gesetz, das später so wuchtig mit der Hure Vernunft, mit Sünde und Tod, ja mit dem Teufel in einem Atem genannt, als *der* Feind des Glaubens, der Liebe und der Hoffnung, als *der* große Gegenspieler des Evangeliums so eindringlich geschildert worden ist. Dies ist das Gesetz, von dem gesagt worden ist und gesagt werden muß: Entweder ganz das Gesetz und dann den Tod oder ganz das Evangelium und dann das Leben, ein Drittes gibt es nicht. Es ist das durch den Betrug der Sünde *entehrte* und *entleerte* Gesetz, das mit der Kraft des *Zornes* Gottes dennoch *sein* Gesetz ist und bleibt. Dienen wir *diesem* Gesetz, dann gibt es vor Gottes Gericht kein Entlaufen und in der Anfechtung, in der uns dieses Gericht offenbar wird, keinen Rat, keinen Trost, keine Hilfe.

Dies ist das *Negative*, was sich daraus ergibt, daß Gott seine Gabe trotzdem — trotzdem wir Sünder sind — in unsere Hände legt, die *eine* Seite der Wirklichkeit des Evangeliums und des Gesetzes in ihrem gegenseitigen Verhältnis. Von diesem Negativen — wahrlich nicht nur von ihm, aber mit großem Nachdruck auch von ihm redet der Galaterbrief.

IV.

Wir zeigen das *Positive*, das nun hinsichtlich dieses „trotzdem" und nun erst recht zu sagen ist, an mit den Worten desselben Paulus: „Das Gesetz ist zwischenhineingekommen, so daß die Übertretung mächtiger wurde. Wo aber die Sünde mächtig wurde, da gerade überströmte die Gnade, so daß, wie die Sünde im Tode herrschte, nun die Gnade herrscht durch die Rechtfertigung zum ewigen Leben durch Jesus Christus unseren Herrn" (Röm. 5, 20). Denn: „Gott hat alle verschlossen unter den Unglauben, auf daß er sich aller erbarme. O welch eine Tiefe des Reichtums, beide der Weisheit und Erkenntnis Gottes! Wie gar unbegreiflich sind seine Gerichte und unerforschlich seine Wege! Denn wer hat des Herrn Sinn erkannt oder wer ist sein Ratgeber gewesen? Oder wer hat ihm etwas zuvor gegeben, daß ihm werde wieder vergolten? Denn von *ihm* und durch *ihn* und zu *ihm* sind alle Dinge, *ihm* sei Ehre in Ewigkeit. Amen" (Röm. 11, 32 f.). Ja, das ist unbegreiflich und unerforschlich, das beruht auf einer anderen Ordnung als auf der von Aktion und Reaktion, Verdienst und Würdigkeit, das hat nur in Ihm seinen Anfang und sein Ende: daß Gott seine Gabe, sein Wort, das Evangelium und das Gesetz wohl in unsere sündigen unreinen Hände legt und nun geschieht, was geschehen muß — nun gerade und nun erst rebellieren wir; gerade sein Wort verkehren und schänden wir, nun gerade und nun erst recht, mit Hilfe und zur Ehre Gottes wird Jesus Christus nun ans Kreuz geschlagen — aber: wie das *Gesetz* auch als durch unser Begehren entehrtes und entleertes das Gesetz Gottes ist und bleibt in jedem seiner Buchstaben, so — nein nicht so, sondern noch viel mehr ist und bleibt Gottes *Evangelium*, was es ist. Noch mehr: gerade in unsere sündigen, unreinen Hände gelegt und nachdem sich alles ausgewirkt hat, was das bedeutet, gerade jetzt wirkt auch das Evangelium sich erst recht aus, zeigt auch es sich erst völlig als das, was es ist, die wirklich *frohe* Botschaft für *wirkliche* Sünder.

Aber ist denn nicht gerade das unsere wirkliche Sünde, daß wir „jagend nach der Rechtfertigung durch das Gesetz" (Röm. 9, 31) das Evangelium im Gesetz nicht hören, Christus als das Ziel des Gesetzes nicht gelten lassen wollen? Welche Kraft soll denn die von uns verschmähte und verachtete, ja gehaßte Gnade haben? Darauf ist zu antworten: Gott ist Gott. Kraft, die Kraft der Auferstehung (Phil. 3, 10), hat auf alle Fälle gerade und erst die von uns verschmähte und verachtete, ja gehaßte Gnade, der bis auf diesen Tag in die Hände der Sünder gegebene, der gekreuzigte, gestorbene und begrabene Christus. „Siehe, *ich* mache alles neu!" Vor diesem „Ich" soll sich kein, wirklich kein Fleisch rühmen können, nicht einmal seines Nicht-Widerstandes! Sein Neumachen setzt genau an dem Punkt ein, wo von uns aus nichts, gar nichts Anderes wirklich ist als dies, daß wir uns selbst vor ihm und für ihn unmöglich machen, wo das Wort: „Ich werfe die Gnade Gottes *nicht* weg" (Gal. 2, 21) nur als die Anerkennung eines uns widerfahrenen Wunders und Geschenkes und gleichzeitig mit der Anerkennung, daß ich der Sünder Vornehmster bin (1. Tim. 1, 15), über unsere Lippen gehen kann. Gerade und nur für diese vornehmste Sünde in uns allen, für die als Sünde gegen ihn selbst „überaus sündig" gewordene Sünde ist Jesus Christus ein Mensch geworden, gestorben und auferstanden. Und so ist der Sieg des Evangeliums, der Sieg der Gnade gerade Gottes Sieg über diese *wirkliche* Sünde, über die Sünde unseres Mißbrauchs des *Gesetzes*, die Sünde unseres *Unglaubens*. — Unter drei Gesichtspunkten werden wir diesen unbegreiflichen, diesen unerforschlichen Sieg, diesen Sieg, dessen Ehre ganz die Ehre Gottes ist, betrachten müssen:

Zum Ersten. Die Gnade Gottes, Jesus Christus selbst, macht gerade das *Gericht,* in das uns das mißbrauchte und doch gültige Gottesgesetz stellt, zu unserer *Rechtfertigung.* Er offenbart sich als Heiland durch das Gesetz auch in dieser Gestalt. Er macht lebendig durch das Evangelium, in dem er durch das Gesetz tötet. Jetzt wird diese Reihenfolge: „Gesetz und Evangelium" legitim und sinnvoll! Er erweckt nämlich unsere durch die *Form* des Evangeliums, also durch das Gesetz um unseres Unglaubens willen verurteilte und in die Hölle verstoßene Existenz, wie sie ist, in ihrer ganzen Nacktheit und Häßlichkeit, also mit Inbegriff unseres Unglaubens durch den *Inhalt* des Evangeliums, also durch sich selbst zum Leben des Glaubens an ihn als an den, der uns rechtfertigt. Trotz dessen, daß wir vom Scheitel bis zur Sohle, in unserem Herzen und in unseren Taten Sünder sind, nein, gerade weil wir so und nur so vor ihm dastehen! Wir müssen betonen: die freie Gnade, Jesus Christus selbst tut das. Wir können es nicht selbst tun, so gewiß wir das, was es dazu braucht, nicht in uns haben und so gewiß wir es noch viel weniger von außen an uns heranbringen können. Unsere Rechtfertigung im Gericht geschieht aber auch nicht kraft einer immanenten Gesetzlichkeit, etwa wie Nacht und Tag, Winter und Frühling, Schmerz und Freude, Angst und Ruhe aufeinander zu folgen pflegen, oder in der Einsichtigkeit der Funktion eines einmal in bestimmter Weise eingerichteten Mechanismus, oder nach der Regel jenes absoluten Geistes, der durch Thesis und Antithesis schließlich zu sich selbst zurückkehrt. Die Reihenfolge: Gesetz—Evangelium, Sünde—Gerechtigkeit, um die es hier geht, ist dadurch charakterisiert, daß sie identisch ist mit der Reihenfolge: Tod—Leben. Das heißt aber: Sie ist uns als Reihenfolge ganz uneinsichtig. Sie kann nur Ereignis und *Tatsache* sein und sie kann von uns aus nur als Verheißung dessen, was Jesus Christus an uns tut, geglaubt werden und in diesem Glauben werden wir uns selbst ein Wunder sein. Wir werden nur *tatsächlich* glauben können, ohne ein Wissen um die Möglichkeit dessen, was wir damit tun. Und wenn das geschieht, daß uns Jesus Christus offenbar wird durch das uns richtende Gesetz, wenn das Gesetz uns also zum Zuchtmeister wird auf ihn (Gal. 3, 24), wenn wir, uns selbst ein Wunder, *an ihn* glauben in unserem Unglauben und trotz unseres Unglaubens, dann enthält dieser unser Glaube wohl in sich die entscheidende Erkenntnis unserer Sünde und die Gewißheit ihrer Vergebung, aber wie unser Glaube jetzt nur noch als Glaube *an ihn* Glaube sein wollen kann, wie er ganz und gar lebt und west in ihm als in seinem Gegenstande und ganz und gar nicht in sich selber — so wird auch unsere Sündenerkenntnis und Vergebungsgewißheit und also Heilsgewißheit ganz und gar nur Erkenntnis und Gewißheit von *ihm her* und ganz und gar nicht eine in sich selbst ruhende und also uns zu irgend einem Ruhm gereichende Erkenntnis und Gewißheit sein. *Gotteskraft* zur Errettung jedem Glaubenden ist das siegreiche Evangelium (Röm. 1, 16). So und nur so ist es das nun wirklich trotz unserer sündigen, unreinen Hände *siegreiche* Evangelium.

Zum Andern. Die Gnade Gottes, Jesus Christus selbst macht

uns frei von jenem „Gesetz der Sünde und des Todes" (Röm. 8,2). Sind wir, wie das siegreiche Evangelium uns sagt, in ihm gerechtfertigt, ohne uns und gegen uns, gegen unseren Ungehorsam und Unglauben, dann heißt das doch, daß dieses Gesetz uns unseres Ungehorsams und Unglaubens wegen nicht verdammen kann. Recht und Kraft, uns zu verdammen, hat es doch auch als „Gesetz der Sünde und des Todes" nur darum, weil es Gottes Gesetz ist. Ist aber Gott für uns, hat er uns „verschlossen" unter den Unglauben, um sich unserer gerade so, gerade in Form einer Totenerweckung zu erbarmen, wer mag dann wider uns sein? Das Recht und die Kraft seines eigenen Gesetzes sicher nicht! In jenen Verschluß unseres Unglaubens geworfen ist jetzt also auch unsere doppelte Angst vor dem Gesetz: die Angst vor seinen Buchstaben, ob wir sie auch alle kennen und ob wir ihnen auch gerecht werden möchten, und die Angst vor den Folgen der Tatsache, daß wir ihm im Ganzen, weil wir nicht glauben, sicher ungehorsam sind — zusammen: unsere Lebensangst. *Sie wird nicht mehr sein!* Über jenen Verschluß, in den sie geworfen ist, neigt sich das göttliche Erbarmen und das bedeutet: daß sie jetzt nur noch eine überwundene, eine getröstete, eine befriedete, eine von einem festen Ufer von Hoffnung und Freude umgebene Angst sein kann. Aber diese Befreiung greift tiefer: Verdammt uns Gottes Gesetz wirklich nicht, dann *ist* es doch gar nicht mehr das „Gesetz der Sünde und des Todes"! Siegt das Evangelium, dann stellt es nicht nur sich selbst wieder her als die überströmende Gnade, überströmend gerade auf ihre Feinde — nein, dann wird auch das *Gesetz*, die Form des Evangeliums, *wiederhergestellt* aus den Buchstaben zur Ganzheit seiner Worte, seines einen einzigen Wortes, aus der Forderung: Du sollst! zu der Verheißung: Du wirst sein!, aus dem Anspruch auf unser Vollbringen zum Anspruch auf unser Vertrauen. Dann redet das Gesetz nicht mehr als Instrument des Betrugs der Sünde und als Organ des Zornes Gottes, sondern in seinem eigentlichen ursprünglichen Sinn als Zeugnis, als Offenbarung dessen, der alles wohlgemacht und der gar nichts von uns haben will, als dies, daß wir glauben: er *wird* Alles wohl machen. Darum, weil der Sieg des Evangeliums auch das bedeutet, heißt es an jener Stelle ausdrücklich, daß wir in Christo Jesu „durch das Gesetz des Geistes des Lebens" frei gemacht sind. Wir merken wohl: in Christo Jesu das alles! Wir ehren in unserer Befreiung die Herrlichkeit *seines* Werkes. Wir können nur auf *ihn* schauen, um unsere Befreiung zu sehen. Wir können nur *ihn* preisen wollen, um dafür dankbar zu sein. Wir können nur an *ihm* hangen, um sie zu genießen. Außer ihm und ohne ihn, abgesehen von dem sich über uns neigenden Erbarmen Gottes, das er selber ist, bleiben wir verschlossen unter den Ungehorsam, betrogene Betrüger, in Verdammnis und Todesschatten nach wie vor. *Er* ist unsere Freiheit. *Er* ist das siegreiche Evangelium auch in dieser Hinsicht. Aber er *ist* es.

Zum Dritten. Die Gnade Gottes, Jesus Christus selbst gibt uns, was wir brauchen, damit unsere in ihm vollbrachte Rechtfertigung und Befreiung auch in uns selbst Wirklichkeit sei: den Heiligen Geist der Kraft, der Liebe und der Zucht (2. Tim. 1, 7). Den Geist der *Kraft*, in einer letzten unerschütterlichen Klarheit und Wahrheit an ihm zu hangen, an ihm und in ihm zu bleiben, obwohl, nein gerade weil wir uns selbst dazu ganz untauglich erkennen müssen. Den Geist der *Liebe* zu ihm, die des Gesetzes Erfüllung ist (Röm. 13, 10), weil sie uns mit allen Seinigen zusammen, einer des andern Last tragend (Gal. 6, 2) und also auch mit ihnen verbunden, auf seinen offenbarten Willen schauen läßt, wie die Braut auf den Bräutigam, obwohl, nein gerade weil wir in uns selbst weder die Liebe zu ihm noch die zu unserem Nächsten finden. Den Geist der *Zucht* endlich, die uns immer wieder gerade davor bewahren wird, dieses „Obwohl" und „Weil" zu vergessen — zu vergessen, daß wir aus uns selbst zu unserem Verderben nach wie vor sein möchten wie Gott, wissend, was gut und böse ist, die uns also immer wieder zum Sehen und Hören auf ihn als unseren Erretter treiben wird. Diese Gabe des Heiligen Geistes ist keine Magie, keine Verzauberung. Wer sie so deuten kann, kennt sie nicht. Sie ist, ganz wunderbar aber auch ganz nüchtern, unsere Versetzung an den Ort und in den Stand von solchen, in deren Niederlage der Sieg des Evangeliums und damit ihre Rechtfertigung und damit die Offenbarung des Gesetzes als „Gesetz des Geistes des Lebens" wirklich geworden ist. Man wird die, die den Heiligen Geist haben, immer daran erkennen, daß sie sich selber als die *Armen* vor Gott erkennen. Diese Armen von Geistes wegen (Matth. 5, 3) sind es, denen das Evangelium und das Gesetz nicht umsonst, sondern zu ihrem Heil in ihre sündigen unreinen Hände gelegt ist, weil sie durch Christi für uns gekreuzigten Leib und sein für uns vergossenes Blut gespeist und getränkt und erhalten werden zum ewigen Leben.